David Berger

Thomas von Aquin begegnen

David Berger

Thomas von Aquin begegnen

SANKT ULRICH VERLAG GmbH

Die Deutsche Bibliothek – CIP-Einheitsaufnahme

Berger, David
Thomas von Aquin begegnen / David Berger. - Augsburg :
Sankt-Ulrich-Verl., 2002 (Zeugen des Glaubens)
ISBN 3-929246-77-5

Umschlaggestaltung: UV Werbung, Mediengruppe Sankt Ulrich Verlag, Augsburg
Titelbilder: KNA, Keystone
Druck und Herstellung: Ludwig Auer GmbH, Donauwörth
Printed in Germany
ISBN 3-929246-77-5

Ein erster Blick auf Thomas von Aquin

1224/1225	Winter: Thomas von Aquin wird auf der Burg von Roccasecca (Latium) geboren.
ca. 1230–1239	Oblate in der Benediktinerabtei Montecassino
1239	Beginn des Studiums der freien Künste an der Universität zu Neapel
1244	April: Einkleidung in den Dominikanerorden in Neapel
1244–1245	Entführung durch die Familie und Gefangenschaft in Roccasecca
1245	Herbst: Thomas kehrt in seinen Orden zurück und wird nach Paris geschickt.
1245–1248	Studium in Paris bei Albertus Magnus
1248–1252	Fortsetzung des Studiums in Köln. Beförderung zum Assistenten Alberts des Großen und Priesterweihe
1252–1256	Sentenzenbakkalaureus in Paris. Sentenzenkommentar, *De ente et essentia, De principiis naturae*
1256–1259	Magister der Theologie in Paris. *De veritate; Quodlibet VII–XI; Super Boetium De Trinitate*
1259	Rückkehr nach Italien
1259–1261	Aufenthalt in Neapel (?). Beginn der Arbeit an der *Summa contra Gentiles*
1261–1265	Lektor in Orvieto. Fertigstellung der *Summa contra Gentiles; Super Iob, Catena aurea,* Fronleichnamsoffizium
1265–1268	Gründung eines studium personale und Magister in Rom. Beginn der Arbeit an der *Summa theologiae. De potentia; De anima; Compendium theologiae*

1268–1272	Zweiter Lehraufenthalt in Paris. Fortsetzung der Arbeit an der theologischen Summe *(Secunda);* Kommentare zu Aristoteles sowie dem Matthäus- und Johannesevangelium; *De malo; De unitate intellectus; De aeternitate mundi; Quodlibet I–IV* usw.
1272–1273	Magister in Neapel. Fortsetzung der *Summa theologiae (Tertia);* Kommentare zum Buch der Psalmen und zum Römerbrief
1273	6. Dezember: „Verstummen" des Heiligen nach der Zelebration der heiligen Messe
1274	7. März: Tod in der Zisterzienserabtei Fossanuova auf dem Weg zum Konzil von Lyon
1323	18. Juli: Heiligsprechung durch Johannes XXII.
1567	15. April: Papst Pius V. erhebt den hl. Thomas zum Kirchenlehrer

Vorwort

„Thomas ist unter allen Heiligen der Gelehrteste und unter allen Gelehrten der Heiligste."

Kardinal Bessarion († 1472)

Kein Denken ist seit Jahrhunderten so eng mit dem Katholischen verbunden wie jenes des heiligen Kirchenlehrers Thomas von Aquin. Die das Zweite Vatikanische Konzil vorbereitende Kommission hat in einem ihrer Dokumente festgestellt: Die Lehre des Aquinaten „hat die katholische Kirche gleichsam zu der ihr eigenen erklärt".

Diesem Buch geht es nicht darum, die fachwissenschaftliche Thomasforschung weiterzuführen. Vielmehr möchte es, fußend auf deren Erkenntnissen eine erste allgemeinverständliche Begegnung mit dem hl. Thomas von Aquin ermöglichen und damit zugleich ein vertieftes Verständnis der katholischen Glaubenswelt vermitteln.

Eine Begegnung mit Denkern einer früheren Zeit kann man völlig reibungsfrei gestalten, indem man sich aus ihrem Denken das heraussucht und fortentwickelt, was mit dem eigenen Zeitgeist übereinstimmt. So mag es durchaus gelingen, zumindest vordergründige Sympathien zu wecken. Auf längere Zeit wird ein Dialog mit Gesprächspartnern, die uns immer nur sagen, was wir hören wollen, aber langweilig. Auch deshalb wird dieser Weg einer egalisierenden Aktualität hier nicht gegangen. Vielmehr ist die folgende Einführung bemüht, zuallererst Thomas selbst, mit den großen Leitmotiven seines Denkens und den von ihm gesetzten Prioritäten, zu Wort kommen zu lassen. Nicht weniges an diesem Denken wird uns Heutigen auf den ersten Blick vielleicht fremd erscheinen. Aber gerade dieses Fremdheitserlebnis ist es, das nicht selten Faszination auslöst und uns in Person und Lehre des Kirchenlehrers von Aquin echte Alternativen sichtbar werden läßt. Gleichsam wie ein äußeres kritisches Gewissen kann uns eine solche Begegnung helfen, uns unserer eigenen Blindstellen und zeitgeistverhafteten Vorurteile bewußt zu werden, diese zu re-

lativieren und so wieder den Blick für die ganze (= katholische) Wirklichkeit frei zu bekommen.
Ebenfalls lag es nicht in unserer Absicht ausschließlich geschichtlich vorzugehen, d. h. das Denken des Aquinaten museal zu konservieren und es dann allein auf seine logische Rationalität hin zu befragen. Vielmehr wurden Rationalität und die mit dieser in einem Verhältnis wechselseitiger Ursächlichkeit stehende spirituelle Bedeutung gleichermaßen in den Blick genommen. In besonderer Weise eignet sich dieser Ansatz, die Durchdringung von Leben und Lehre bei Thomas sichtbar zu machen. Besteht doch dessen eigentümliches Charisma in einer „Heiligkeit der Intelligenz", die sich in seiner „heiligen Lehre" spiegelt.
Zwei kurze Dankesworte seien hier gestattet: Zum einen an Prof. Dr. Dr. h.c. Otto H. Pesch, der mir großzügigerweise das Manuskript seines zeitgleich mit diesem Buch in Druck gehenden, sehr umfangreichen Lexikonartikels zu Thomas von Aquin für die *Theologische Realenzyklopädie* schon vor dessen Erscheinen zur Verfügung gestellt hat.
Zum zweiten und vor allem aber an die *Päpstliche Adademie des hl. Thomas von Aquin* (Vatikan) für die ehrenvolle Ernennung zu ihrem Mitglied. Dieser Akademie, die seit mehr als einhundert Jahren im Auftrag und mit besonderem Wohlwollen der Päpste die edelsten Geister des Thomismus sammelt und sich darum bemüht, die Lehre des hl. Thomas als des „allgemeinen Lehrers" der Kirche zu erklären und an die kommenden Generationen weiterzugeben, sei diese kleine Schrift in Dankbarkeit und aufrichtigen Herzens gewidmet.

Köln, am Fest des hl. Thomas von Aquin 2002
David Berger

I.

Heiligkeit der Intelligenz

Quellenlage zum Leben des Thomas

Wer sich daran macht, eine Darstellung des Lebens eines bekannten Theologen aus dem 19. oder 20. Jahrhundert zu schreiben, dem stehen eine Vielzahl zumeist historisch sehr verläßlicher Quellen zur Verfügung. Bei mittelalterlichen Gestalten ist dies völlig anders. Auch beim Aquinaten: Thomas hat kein Tagebuch geführt. Die von ihm verfaßten philosophischen und theologischen Schriften sind zudem äußerst arm an direkten biographischen Aspekten. So sind wir zunächst auf eher episodische Erzählungen von Zeitgenossen des Thomas, auf die Heiligsprechungsakten und besonders auf die drei ältesten Thomasbiographien von Wilhelm von Tocco, Bernhard Gui und Petrus Calo verwiesen. Es ist freilich überflüssig zu sagen, daß es sich bei diesen Biographien nicht um Biographien im heutigen Sinne handelt, sondern um typische hagiographische Werke des Mittelalters. Viele der berichteten Anekdoten wird der Historiker zu Recht sehr kritisch betrachten und doch sind sie eine große Hilfe, wenn wir tiefer verstehen möchten, wer Thomas war, wie er von seinen Zeitgenossen und vielen diesen nachfolgenden Generationen gesehen wurde. Unter den drei genannten Thomasbiographien hat die Lebensbeschreibung Toccos seit jeher den Vorrang. Tocco kannte den Aquinaten noch persönlich. Von 1272 bis 1274 lebte er im selben Kloster wie Thomas. Zu dessen langjährigem Begleiter, Reginald von Piperino und auch zur Familie von Aquino hatte er sehr gute Kontakte, durch die ihm zahlreiche Details aus dem Leben des Thomas zugänglich waren. Gelegentlich beruft sich Wilhelm sogar auf diese Quelle. So etwa, wenn er im 4. Kapitel seiner Vita, in dem er die Jugend des Thomas beschreibt, anmerkt: „Dies ist uns aus dem getreuen Bericht seiner Mutter über-

Wir zitieren im folgenden die deutsche Übersetzung: Das Leben des heiligen Thomas von Aquino erzählt von Wilhelm von Tocco und andere Zeugnisse zu seinem Leben. Übertragen und eingeleitet von Willehad Paul Eckert, 1965 (Kurztitel = **Tocco**, Kapitelangabe). Die Heiligsprechungsakten werden ebenfalls nach diesem Werk zitiert (Kurztitel = **Eckert**).

liefert …“ (Tocco, Kap. 4). Hinzu kommt, daß Tocco zudem Anwalt *(Promotor)* im Heiligsprechungsprozeß des Thomas war, so daß ihm die gesamten in diesem Zusammenhang angelegten Akten zur Verfügung standen.
Alle späteren Darstellungen des Lebens unseres Kirchenlehrers fußen hauptsächlich auf Toccos Lebensbeschreibung. Im Hinblick auf die letzten 50 Jahre verdienen im deutschen Sprachraum die Biographien dreier Dominikaner, von Angelus Walz, von James Weisheipl und Jean-Pierre Torrell besondere Erwähnung. Obwohl zur Zeit ihres Entstehens bzw. ihrer Übersetzung die Arbeiten von Walz und Weisheipl ohne Zweifel dem wissenschaftlichen Standard entsprachen, gelten sie heute als durch das genannte Werk Torrells überholt. Torrell hat, gestützt auf zahlreiche Vorstudien und seine Erfahrungen, die er als langjähriger Mitarbeiter der Leonina-Kommission sammeln konnte, mit seinem Buch eine brillante literarhistorische Biographie geschrieben, die schon jetzt als Klassiker und Standardwerk der Thomasforschung gilt. Die viele Jahre gehegte Vorstellung, es sei auch heute aufgrund der Quellenlage kaum möglich, in wissenschaftlich verantwortlicher Weise eine zuverlässige, historisch-kritischen Mindestforderungen entsprechende Biographie des Aquinaten zu verfassen, hat Torrell gründlich widerlegt. Wir werden uns bei der folgenden Darstellung des Lebensweges des Thomas – neben im einzelnen zu benennenden Studien – vor allem auf Tocco und Torrell stützen.

ANGELUS WALZ, Thomas von Aquin, 1953.
JAMES A. WEISHEIPL, Thomas von Aquin. *Sein Leben und seine Theologie.* Ins Deutsche übertragen von P. Gregor Kirstein, 1980 (Kurztitel = **Weisheipl**).
JEAN-PIERRE TORRELL, *Magister Thomas. Leben und Werk des Thomas von Aquin.* Aus dem Französischen übersetzt von Katharina Weibel, 1995 (Kurztitel = **Torrell**).

Herkunft und Jugend

Reist man von Rom nach Neapel, muß man zunächst die Provinz Latium durchqueren. Man kommt an alten Burgen und Klöstern in wildromantisch anmutenden Landschaften vorüber, durchquert kleine verschlafene, touristisch kaum erschlossene Städte, deren Prägung durch das Mittelalter unübersehbar ist.

Am südlichsten Rand von Latium, dort, wo bald die Campagna beginnt, lag im Mittelalter die Grafschaft Aquino. Ihren Sitz hatte die ab 887 historisch nachweisbare, lombardische Adelsfamilie von Aquino auf dem heute nur noch als Ruine erhaltenen Schloß von Roccasecca. Hier ist Thomas Ende 1224 oder Anfang 1225 geboren.

Ein „seiner Herkunft sehr verbundener Adeliger"

Das ungefähre Geburtsdatum des Thomas wird vom sicher feststehenden Todesdatum und den Aussagen von Tocco und Gui, die berichten, Thomas sei an der Wende von seinem 49. zum 50. Lebensjahr gestorben, errechnet.

Was die Forschung über die Eltern des Thomas bis zur Stunde herausgefunden hat, ist nicht eben viel. Sicher wissen wir, daß sein Vater, Landulf von Aquino, mit der aus der neapolitanischen Familie der Caracciolo stammenden Donna Theodora verheiratet war. Landulf trug den Titel Ritter *(miles)* und war fünf Jahre vor der Geburt des Thomas zum Gerichtsherrn der Terra di Lavoro ernannt worden. Es handelt sich bei den Eltern des Thomas also keineswegs um königlichen Adel, wie häufig angenommen wird, sondern um einfachen Landadel. Dennoch sollte man sich immer vor Augen halten, daß, wie Torrell richtig bemerkt, Thomas ein „seiner Herkunft sehr verbundener Adeliger" (Torrell, S. 34) war; dies wird nicht zuletzt in der Sprache und den Analogien, die er benutzt und die oft

dem Rittertum entlehnt sind, deutlich. Aus der Ehe zwischen Landulf und Theodora gingen neun Kinder, vier Knaben und fünf Mädchen, hervor. Thomas war der jüngste der Söhne. Der heutige Besucher der ehemaligen Grafschaft Aquino trifft eine friedlich-ruhige Atmosphäre an, zur Zeit der Geburt des Thomas war dies ganz anders. Das Herrschaftsgebiet, das Landulf unterstand, lag genau zwischen dem dem Papst und jenem dem Kaiser unterstellten Territorium. Der Kampf zwischen Kaiser und Papst, Friedrich II. (1194–1250) und Gregor IX., um die Führung im Abendland, der zu dieser Zeit die Christenheit erschüttert, hat die Geschicke der Grafschaft deutlich geprägt. Und dies bis hinein in die Familie des Thomas. Einer seiner Brüder, Rinaldo von Aquino, wurde in den Kämpfen Opfer seiner Treue zum Papst. Zunächst Gefolgsmann des Kaisers, kündigte er diesem, nachdem ihn Papst Innozenz IV. 1245 für abgesetzt erklärt hatte, die Treue und wurde darauf 1246 von Friedrich II. zu Tode verurteilt. Von da an verehrte ihn die Familie als Martyrer für die Sache des Papsttums. Thomas selbst wird Zeit seines Lebens immer wieder die Autorität des Papstes betonen.
Über die Geburt und die ersten Lebensjahre berichtet Tocco in der für mittelalterliche Hagiographien typischen Eigenart: Bereits das erste Kapitel seiner Lebensbeschreibung erzählt, daß zu Theodora neun Monate vor der Geburt ihres jüngsten Sohnes ein alter, als heiligmäßig geltender Einsiedler kommt und ihr die Geburt des Thomas vorhersagt mit den Worten: „Freue dich, Herrin, da du schwanger bist; du wirst einen Sohn gebären, den du Thomas nennen wirst ... Er wird in seinem Wissen von solcher Berühmtheit und in seinem Leben von solcher Heiligkeit werden, daß man auf der Welt zu seiner Zeit niemanden wird finden können, der ihm ähnlich wäre“ (Tocco, Kap. 1). Entsprechend berichten das zweite und dritte Kapitel von der wunderbaren Errettung des kleinen Thomas bei einem Unwetter, in dem seine neben ihm liegende Schwester vom Blitz erschlagen, er aber völlig verschont wird.

Ein zukünftiger Benediktinerabt?

Einer der Orte, die in dem der Familie von Aquino gehörenden Familienbesitz lagen und um dessen Herrschaft sich Kaiser und Papst in jenen Jahren immer wieder stritten, war die traditionsreiche Abtei Montecassino. Im 6. Jahrhundert vom hl. Benedikt von Nursia selbst gegründet und seither das Mutterkloster des nach ihm benannten Mönchsordens, hatte diese Abtei, neben den politischen Eingriffen, die die klösterliche Ruhe immer wieder durchbrachen, bereits große Gelehrte, die das Kloster im ganzen Abendland zu einem angesehenen Hort der Wissenschaft machten, gesehen. In der traditionsreichen Bibliothek der Abtei findet sich eine auf den 3. Mai 1231 datierte Urkunde, die die Schenkung von 20 Unzen Gold durch Landulf von Aquino an die Abtei belegt. Es ist anzunehmen, daß es sich dabei um Schulgeld handelt, das der Vater des Thomas an die in seinem Herrschaftsgebiet ansässigen Benediktiner errichtete (Torrell, S. 26–27). Durch den Vertrag von San Germano (23. Juli 1230) zwischen Kaiser und Papst war auch im spannungsgeladenen Ort eine etwas friedlichere Zeit eingekehrt. Dies ermöglichte den Eltern des Thomas, diesen – irgendwann zwischen dem Sommer 1230 und dem Frühjahr 1231 – der Abtei zur Erziehung zu übergeben. Da Thomas der jüngste Sohn der Familie war, ist es nicht unwahrscheinlich, daß die Eltern den Plan hegten, Thomas könne hier später das pfründereiche Amt des Abtes übernehmen. Dabei darf man sich dies nicht so vorstellen, als wäre Thomas so etwas wie ein Klosterschüler im heutigen Sinne geworden. Thomas war vielmehr, was man damals Oblate nannte: d. h. er wurde durch die Entscheidung seiner Eltern zu einer echten, wenn auch zunächst noch zeitlich bis zur erlangten Mündigkeit begrenzten Mitgliedschaft im Orden des hl. Benedikt verpflichtet. Das Nekrologium der Abtei verzeichnet denn auch den großen Thomas stolz als zeitweisen Mönch von Montecassino.

Neben dem Elementarunterricht ist Thomas dort von den Söhnen des hl. Benedikt ins religiöse Leben eingeführt worden. Aufgrund der Tatsache, daß die Lebensjahre, die Thomas in der

Abtei verbrachte, für die Entwicklung eines Menschen von großer Wichtigkeit sind, kann man durchaus sagen, daß die Liebe des hl. Thomas zur Liturgie der Kirche, seine hervorragende Kenntnis der Werke Gregors des Großen, die Hochschätzung des kontemplativen Lebens, ja überhaupt der nachdenklich-innerliche Zug seines Charakters hier grundgelegt wurden.
Der Friede von San Germano ist von kurzer Dauer. Schon 1236 brechen neue Kämpfe zwischen der Gefolgschaft des Papstes und des Kaisers rund um die Abtei aus. Die Eltern des Thomas entschließen sich daher, nach Rücksprache mit Stephan Corbario, der zu jener Zeit Abt von Montecassino ist, Thomas nach Neapel zum Weiterstudium zu schicken. Im Frühjahr 1239 tauscht der 15jährige die ländlich-monastische Atmosphäre gegen Stadtluft ein.

Papst **Gregor (I.) der Große** (ca. 540–604) gilt nicht nur als der bedeutendste Papst der Umbruchszeit zwischen Antike und Mittelalter sowie als Begründer des „gregorianischen" Gesangs, sondern ist durch seine Schriften, die auf das Mittelalter einen immensen Einfluß ausübten, einer der wichtigsten Kirchenlehrer der Westkirche.

Studien an der Universität Neapel

Im Herbst 1239 schreibt sich Thomas an der Universität zu Neapel zum Studium der *artes liberales,* der freien Künste, und der Philosophie ein. Neuere Forschungen haben bestätigt, daß die zwei Gelehrten, die Tocco als Lehrer des Thomas vorstellt, tatsächlich zu jener Zeit am Generalstudium in Neapel lehrten. Nichts spricht dagegen anzunehmen, daß Thomas von ihnen in die sieben freien Künste eingeführt wurde: von einem Magister Martin in die Fächer des Triviums (Grammatik, Rhetorik, Dialektik), von Peter von Irland in jene des Quadriviums (Arithmetik, Geometrie, Astronomie, Musik).
Die Welt, in der diese Männer den jungen Adeligen unterrichten, ist außergewöhnlich gut erforscht: Die 1224 von Kaiser Friedrich II. als Konkurrenz zu der päpstlichen Universität von Bologna und zur Ausbildung seiner Staatsdiener vor allem in Staats- und Kirchenrecht gegründete Universität gehört mit zu den besten Ausbildungsstätten dieses Jahrhunderts. Schon vier Jahre vor der Universitätsgründung hat der in Tole-

do ausgebildete Michael Scotus begonnen, als Übersetzer für den Kaiser zu arbeiten. Dabei übersetzt er nicht nur Werke der arabischen Astronomie und der griechischen Medizin, sondern auch zahlreiche Schriften des Aristoteles ins Lateinische. Während in Paris der Gebrauch der Schriften des Aristoteles in öffentlichen Vorlesungen noch untersagt ist, gilt die Universität von Neapel als jener Ort, an dem man ungestört von Verboten kirchlicher Behörden dem Aristoteles-Studium nachgehen kann. So verwundert es auch nicht, wenn wir von Otto H. Pesch hören, daß der als Lehrer des Aquinaten bereits genannte Peter von Irland ein „reinrassiger Aristoteliker" war. Von ihm erhielt Thomas seine erste Einführung in die Philosophie des Aristoteles.

Otto Hermann Pesch, *Thomas von Aquin. Größe und Grenze mittelalterlicher Theologie*, 3. Aufl. 1995, S. 69 (Kurztitel = **Pesch**).

Dieses Studium des Aristoteles ist aber nicht nur für das Denken des Thomas, sondern für die gesamte mittelalterliche Wissenschaft von zentraler Bedeutung. Ist es doch der griechische Philosoph, der eine für das Abendland völlig neue, gleichsam beispiellose Möglichkeit einer von religiösen Vorgaben zunächst unabhängig scheinenden Gesamtdeutung der natürlichen Wirklichkeit mit Hilfe einiger weniger vernünftiger Prinzipien und damit einen reflektierten Begriff von Wissen zur Verfügung stellt. Wissenschaft ist dann – gemäß dem Wissenschaftsbegriff, wie ihn Aristoteles in seiner II. Analytik entwirft – nicht mehr nur das Beschreiben eines erfahrungsmäßig gewonnenen Sachverhaltes, sondern das Wissen um die Ursachen der Dinge.

Dieser Begriff von Wissen ist es wiederum, der die eigentlichen Fundamente für eine wissenschaftliche, schulmäßige Theologie legt: die scholastische Theologie, als deren unbestrittener Fürst Thomas bis zur Stunde gilt. Das Wort Scholastik kommt vom lateinischen *schola*, Schule. Ohne hier näher auf die Diskussionen um den Scholastikbegriff einzugehen, kann man daher die Scholastik als die in den mittelalterlichen Lehreinrichtungen entwickelte und praktizierte rationale Wissenschaft bezeichnen. Ausgehend von dem vom „Vater der Scholastik", von Anselm von Canterbury (1033–1109), formu-

Vgl. dazu die gute Gesamtdarstellung von Ulrich G. Leinsle, *Einführung in die scholastische Theologie*, Paderborn 1995.

lierten Prinzip, daß der Glaube nach vernünftiger Einsicht verlangt *(fides quaerens intellectum),* sucht die scholastische Theologie durch die Anwendung der Philosophie auf die Offenbarungswahrheiten eine möglichst weitgehende Einsicht in die Glaubensinhalte zu gewinnen, um dann in einem weiteren Schritt Gesamtdarstellungen der Heilswahrheit auszuarbeiten, die sogenannten „Summen", auf die wir noch ausführlich zu sprechen kommen werden. Es ist bei der beschriebenen Rolle der Philosophie in der scholastischen Methode von großer Bedeutung, welcher Philosophie sich der scholastische Theologe bedient, um seine spekulativen Gebäude zu errichten.

Das Mittelalter entdeckt Aristoteles

Lediglich einige logische Schriften, genauer Teile seines *Organons,* waren im Abendland, durch die Übersetzung des Boethius, immer bekannt gewesen. Doch nun gewinnt Aristoteles ganz neue Bedeutung: Dies hängt zu einem großen Teil mit dem in jenen Jahren starken Einfluß der muslimischen Kulturwelt auf das Abendland zusammen.

Anicius Manlius Torquatus Severinus **Boethius** (um 480–526): Übersetzer, Philosoph und Konsul am Hof Kaiser Theodorichs des Großen.

Von hierher ist es gut verständlich, daß vor allem von Spanien aus, näherhin vom Hof des Erzbischofs Raimund von Toledo, der eine eigene Übersetzerschule gründet, zu der auch Michael Scotus gehört, die aristotelischen Schriften zunächst vom Syrischen ins Arabische, dann vom Arabischen ins Lateinische übersetzt werden. Da man bemerkt, daß diese Art der Übersetzung zuweilen an Zuverlässigkeit zu wünschen übrig läßt, entsteht auch in Süditalien bald eine eigene Übersetzerschule, die Aristoteles direkt vom Griechischen ins Lateinische überträgt. In verhältnismäßig kurzer Zeit werden so die aristotelischen Schriften *Über die Seele,* die *Metaphysik,* die *Nikomachische Ethik* und die *Physik* zugänglich.

Aber diese Übersetzertätigkeit ist doch nur ein Einflußfaktor auf die mittelalterliche Aristotelesrezeption. Wichtiger für deren Verständnis ist die Tatsache, daß die islamische Welt das gesamte Werk des Aristoteles bereits zwei Jahrhunderte vor seinem Bekanntwerden im lateinischen Westen zur Verfügung hatte. Von diesem Wissensvorsprung rührt es her, daß mit den übersetzten Schriften auch die in der muslimischen Aristotelesrezeption entstandenen Kommentare zum Werk des sog. Stagiriten auftauchen und bei den lateinischen Aristoteles-Rezipienten als Erschließungshilfe ausgiebig Verwendung finden. Den größten Einfluß dürften in diesem Zusammenhang die Schriften des im spanischen Córdoba lebenden Philosophen Ibn Roschd, bekannter unter seinem lateinischen Namen Averroes (1126–1198), den die Scholastiker ab der Mitte des 13. Jahrhunderts nur „den Kommentator" nannten, und des 1037 gestorbenen persischen Mediziners und Philosophen Avicenna (Ibn Sina) ausgeübt haben. Rolf Schönberger schreibt dazu: „Man kann wohl … keine zehn Seiten eines beliebigen scholastischen Autors lesen, ohne auf irgendein Zitat, einen Verweis der eine sonstige Spur jener Autoren zu stoßen."

ROLF SCHÖNBERGER, *Thomas von Aquin zur Einführung*, 1998, S. 18.

Daß diese aus dem islamischen Kontext kommende Lesart des Aristoteles nicht einfach reibungslos vereinbar mit der kirchlichen Lehre war, ist leicht einsichtig. So kam es auch während des 13. Jahrhunderts mehrmals (1210, 1215, 1231, 1241, 1263 u. ö.) zu kirchlichen Aristotelesverboten. Diese wurden zwar im strikten Sinne nicht eingehalten, blieben aber dennoch nicht ohne Folgen. Die zunächst als unersetzliche Verstehenshilfe angesehenen arabischen Kommentare verloren sukzessive an Einfluß, und das eigene, zumeist von offenbarungstheologischen Vorgaben bestimmte Verständnis des Aristoteles wurde in bewußter Abgrenzung zur muslimischen Aristotelesrezeption entwickelt. Die Aristotelesrezeption des Thomas nimmt in diesem Prozeß ohne Zweifel einen zentralen Platz ein. Aber bereits sein Lehrer Peter von Irland hatte in seinen Vorlesungen zu dem aristotelischen Werk *Peri Hermeneias* Averroes hart kritisiert. Einer der wichtigsten Mitarbeiter der Leonina-Kommission, René Gauthier hat

Die **Leonina-Kommission** ist nach ihrem Gründer, Papst Leo XIII. benannt. Dieser Papst setzte mit seiner Thomas-Enzyklika *Aeterni Patris* (1879) die Kommission speziell mit der Aufgabe einer kritischen sogar aufgrund eingehender Textstudien herausgefunden, daß Thomas bei seinen eigenen Arbeiten zu Aristoteles Mitschriften aus der neapolitanischen Studienzeit verarbeitet hat.

Edition aller Werke des Aquinaten ein, die bis heute nicht abgeschlossen ist.

Der Eintritt in den Orden der Predigerbrüder

Als Thomas nach Neapel kam, scheint er weiterhin als Benediktineroblate zunächst im Benediktinerkloster von San Demetrio gewohnt zu haben. Doch dann ereignet sich etwas, das sein ganzes weiteres Leben verändern wird. Er lernt die erst seit einigen Jahrzehnten bestehende Gemeinschaft der Predigerbrüder kennen.

Von dem aus einer alten kastilischen Familie stammenden Dominikus Guzmán (1170–1221) einige Jahre vor der Geburt des Thomas gegründet und daher in der deutschen Sprache auch Dominikanerorden genannt, handelt es sich – ähnlich wie bei dem Franziskanerorden – um eine gegenüber den alten Mönchsorden ganz neue Form eines Ordens. Die Mitglieder geloben nicht nur persönliche Armut, sie leben auch ganz vom Betteln. Daher nennt man die neuen Gemeinschaften Bettel- oder Mendikantenorden. Auch suchen sie nicht die Abgeschiedenheit des Landes, wie dies etwa die Benediktiner von Montecassino tun. Sie leben in den Städten und widmen sich dort der Seelsorge; die Söhne des hl. Dominikus in besonderer Weise der Predigt und zunächst in diesem Zusammenhang auch dem Kampf gegen die Irrlehre. Dadurch gewinnt auch das Studium, das für die Dominikaner eine lebenslange Verpflichtung darstellt, eine besondere Rolle.

Neues ist immer dazu geeignet, Unverständnis und Widerstand auszulösen. Aber nicht allein diese eher psychologische Erklärung, die man nicht in anachronistischer Weise einfach auf heutige Fragen übertragen sollte, ist es, die den jungen Gemeinschaften das Leben schwer macht. Durch das seelsorgerliche Wirken der Mendikantenorden, die sich innerhalb weniger Jahre über ganz Europa ausbreiten, erwächst dem Weltklerus auf einmal eine bislang nicht gekannte Konkurrenz auf dem pastoralen Gebiet; eine Konkurrenz, die zudem durch ihre strikte Armutsverpflichtung eine stille, aber sehr eindrucksvolle Anklage darstellt.

Hier liegt das Problemfeld, in dem der sogenannte Armuts- oder Mendikantenstreit, der seinen Höhepunkt zwischen 1252 und 1272 zwischen Pariser Professoren und Vertretern der Bettelorden erreicht und in den Thomas sehr intensiv hineingezogen werden wird, anzusiedeln ist. Er stellt nicht nur ein wichtiges Kapitel der Kirchengeschichte des Mittelalters dar, auch Umberto Ecos Bestseller *Der Name der Rose* hat es verstanden, diesen Konflikt auf äußerst spannende Weise zum Gegenstand eines Romans zu machen.

UMBERTO ECO, Der Name der Rose, 1986.

Dieses zweifelhafte Licht ist es unter anderem, das dazu geführt hat, daß Thomas in dem Dominikanerkonvent San Domenico Maggiore von Neapel nur noch zwei Dominikaner antrifft, die die von Friedrich II. durchgeführte Vertreibung verschont hat: Johannes von San Giuliano und der Prior Thomas von Lentini, der später vom Papst zum Bischof von Bethlehem und Lateinischen Patriarchen von Jerusalem ernannt werden wird. Durch sie, die beide – wie Bartholomäus von Capua berichtet – ein vorbildliches Ordensleben führten, wird Thomas in das Ordensideal eingeführt und empfängt aus der Hand des Priors im Frühjahr 1244 das Ordenskleid des hl. Dominikus. Der Aquinate wird in der bildenden Kunst denn auch im Dominikanerhabit dargestellt; dies mit gutem Grund: Nicht nur die Schriften zu Fragen des Ordenslebens, sein gesamtes Werk wird recht eigentlich nur verständlich, wenn man es auf diesem Hintergrund seiner Mitgliedschaft im Predigerorden versteht.

Nach all dem bisher über den Lebensweg des Thomas Gesagten, wird man gut verstehen, daß die Eltern des Aquinaten entsetzt waren, als sie von dem Entschluß ihres Sohnes hörten, der nicht nur ihre ursprünglichen Pläne durchkreuzte, sondern auch dem Ruf der Familie wenig förderlich sein konnte. Der bekannte englische Schriftsteller und Konvertit Gilberth Keith Chesterton hat in der ihm eigenen Anschaulichkeit bemerkt, der Ein-

GILBERT KEITH CHESTERTON, *Thomas von Aquin*, 2. Aufl. 1957, S. 59 (Kurztitel = **Chesterton**).

tritt des Thomas in den Dominikanerorden sei so ähnlich, „als hätte der Erbe eines streng konservativen Herzogs angekündigt, er würde morgen mit der von den Kommunisten veranstalteten Hungerdemonstration marschieren".

Die Besuche bei einem Gefangenen

Die Eltern reagieren auf die unliebsame Aktion ihres jüngsten Sohnes entsprechend: Theodora reist im Mai 1244 nach Neapel, um ihren jüngsten Sohn zur Vernunft zu bringen, doch sie kommt zu spät. Da eine derartige Reaktion abzusehen war, hatte der Generalobere der Dominikaner, Johannes von Wildeshausen, Thomas – noch bevor er in Neapel seinen Magistergrad erworben hat – mit auf die Reise nach Bologna genommen, wo für Pfingsten ein Generalkapitel angesetzt ist. Theodora beauftragt daraufhin zwei ihrer Söhne, den auf der Reise befindlichen Bruder aufzugreifen. Unter der Führung seines ältesten Bruders, Rinaldo von Aquino, und unterstützt durch Soldaten Friedrichs II. bemächtigen sie sich des Thomas. Erfolglos bleiben zwar die Versuche, ihm das Ordensgewand zu entreißen, doch sie können ihn auf das Familienschloß Monte San Giovanni, nördlich von Roccasecca bringen. Dort versucht ihn die Familie zunächst umzustimmen. Daß es ihr dabei an Einfallsreichtum keineswegs mangelt, zeigt eine Episode, die uns von mehreren Biographen des Aquinaten überliefert wird. Tocco erzählt: Die Brüder schickten Thomas, „als er alleine in der Kammer war, in der er unter Bewachung schlief, ein sehr hübsches Mädchen, als Dirne gekleidet. Sie sollte ihn durch ihren Anblick, ihre Berührung, durch ihre Spiele und auf welch andre Art sie es vermöchte, zur Sünde verleiten. Als sie der ungezwungene Kämpe erblickte ... nahm er voll Zorn einen Feuerbrand aus dem Kamin und jagte das Mädchen unwillig fort aus der Kammer. Dann ging er in der Glut seines Zornes zur Ecke der Kammer und brannte das Zeichen des Kreuzes mit der Spitze des Scheites in die Wand ein, warf sich zu Boden und bat Gott unter Tränen um den Gürtel ewiger Jungfräulichkeit, die er in solchem Kampfe hatte unverletzt bewahren dürfen. Als er dies unter Tränen erbeten hatte, schlief er plötzlich ein. Siehe, da wurden zwei Engel vom Himmel zu ihm geschickt; sie sagten ihm, er sei vom Herrn erhört worden und habe sich in diesem schwierigen Kampf den Sieg errungen. Dann gürteten sie seine Lenden ..." (Tocco, Kap. 10).

Ob man diese Geschichte mit den Augen des kritischen Historikers, des Tiefenpsychologen oder mit dem übernatürlichen Realismus des Tocco betrachtet, eines steht fest: Die Hartnäckigkeit des Thomas muß groß gewesen sein. Denn nach einem Jahr gibt die Familie nach und läßt ihn nach Neapel zurückkehren. Viele Jahrzehnte später wird Thomas in seinem bekanntesten Werk, der *Summa theologiae* schreiben: „Sind die Eltern in einer Notlage, so daß ihnen nicht anders als durch den Dienst der Kinder geholfen werden kann, so ist es den Kindern nicht erlaubt, ohne Rücksicht auf die Eltern in einen Orden einzutreten. Sind sie [die Eltern] aber nicht in solcher Notlage ..., so können die Kinder die Eltern sich selbst überlassen und ins Kloster gehen, auch gegen den ausdrücklichen Befehl der Eltern. Denn nach den Jahren der Reife hat jeder freigeborene Mensch das Recht, über das, was die Wahl seines Standes angeht, frei zu entscheiden, vor allem in den Dingen, die zum Bereich des göttlichen Dienstes gehören" (Sth IIa-IIae q.189 a.6; zur Zitation vgl. S. 59 f.).

Die **Summa** ist die mittelalterliche Form einer unabhängig vom geregelten Schulbetrieb entstandenen, genau strukturierten Zusammenstellung des Offenbarungsgutes.

Wir haben hier eine der wenigen Stellen im Riesenwerk des Aquinaten, die als Nachhall persönlicher Erlebnisse gelesen werden können und so für die Biographie von unmittelbarer Bedeutung sind.

Später werden wir noch sehen, was in diesem Zusammenhang vielleicht erstaunen mag: Trotz der geschilderten unerfreulichen Ereignisse blieb Thomas seiner Familie bis zu seinem Tod aufs engste verbunden. Wenn die Familie in finanziellen Schwierigkeiten war oder Erbschaftsfragen geklärt werden mußten, war Thomas immer helfend zugegen. Besonders seiner Nichte, der Gräfin Fanziska von Ceccano, scheint er eng verbunden gewesen zu sein.

Schüler eines großen Lehrers

Wohl kurz nach der Absetzung Friedrichs II. durch Papst Innozenz IV. am 17. Juli 1245 läßt die Familie des Thomas diesen also als Dominikaner nach Neapel zurückkehren. Von dort aus wird er jedoch gleich nach Rom geschickt, von wo aus er, wieder in Begleitung von Johannes von Wildeshausen, nach Paris weiterzieht, um an der dortigen Universität das zwangsweise unterbrochene Studium fortzusetzen. Und wieder kann man dies als äußerst glückliche Fügung betrachten. Marie-Dominique Chenu beschreibt die damalige Universität von Paris sehr anschaulich: „Mit ihren reichen Mitteln, ihrem Lehrkörper, ihrer internationalen Schülerschaft, ihrer beruflichen und pädagogischen Organisation, ihrer Schultradition, ihrer qualifizierten Unterrichtstechnik, ihrem geistigen Wissensdrang, ihrem schöpferischen Einfallsreichtum ist sie das geistige Zentrum der Christenheit, die Domäne hoher Kultur schlechthin, die ‚civitas philosophorum' (Albertus Magnus), das neue Athen."

MARIE-DOMINIQUE CHENU, *Das Werk des hl. Thomas von Aquin.* Vom Verfasser durchgesehene und verbesserte deutsche Ausgabe, Übersetzung, Verzeichnisse und Ergänzung der Arbeitshinweise von Otto Hermann Pesch OP, 1960, S. 17 (Kurztitel = **Chenu**).

Glückliche Fügung

Aufgrund erhaltenen gebliebener Manuskripte des Thomas, die nicht zuletzt mit Hilfe seiner sehr eigenwilligen Handschrift verhältnismäßig leicht zu identifizieren sind, wissen wir heute mit relativ großer Zuverlässigkeit, daß Thomas – wie auch Tocco (Kap. 12) berichtet – an jener vielgerühmten Universität im Herbst sein Philosophiestudium fortsetzt. Und zwar bei dem aus Schwaben stammenden Dominikaner Albert (ca. 1200–1280), dem bereits seine Zeitgenossen den Beinamen *Magnus – der Große* und den Ehrentitel *doctor universalis* – „der universale Lehrer" gegeben

Zu **Albertus Magnus** vgl.: *Albertus Magnus. Doctor universalis 1280–1980,* hrsg. v. Gerbert Meyer u.a., 1980 und *Albertus Magnus. Neue Zugänge und Perspektiven,* hrsg. v. Walter Senner, 2001.

haben. Noch während des Philosophiestudiums scheint Thomas mit besonderer Erlaubnis seiner Ordensvorgesetzten, die seine Begabung schon früh erkannten, auch sein Theologiestudium am Dominikanerstudienhaus Saint-Jacques begonnen zu haben. Auch hier ist Albert, der an Saint-Jacques seit 1247 Magister der Theologie ist, sein Lehrer.

JOSEF PIEPER, *Hinführung zu Thomas von Aquin. Zwölf Vorlesungen* 1958, S. 25 (Kurztitel = **Pieper**).

Josef Pieper urteilt bezüglich Albert: „Man hätte, wenn man im ganzen Abendlande gesucht hätte, keinen bedeutenderen und keinen moderneren Lehrer für Thomas ausfindig machen können." Wie Petrus von Hibernia hat sich auch Albert das originäre, sich von der islamischen Aristotelesrezeption emanzipierende Verständnis des Aristoteles und die Frage nach dessen Vermittelbarkeit mit dem traditionell vorherrschenden christlichen Denken zum wissenschaftlichen Programm gemacht. Die bei Albert – im Unterschied zu Petrus – trotz der intensiven Aristotelesstudien und der Bewunderung für den Stagiriten deutlich auszumachende Aufnahme neuplatonischen Gedankengutes in das eigene Denken hat nicht nur auf die deutsche Dominikanermystik großen Einfluß gehabt. Sie hat auch im Werk des Thomas eindeutige, jedoch lange Zeit von der stark auf den Aristotelismus fixierten Thomasinterpretation übersehene Spuren hinterlassen.

1248 bekommt Albert von seinen Ordensoberen den Auftrag, in Köln, wo die Dominikaner seit 1221 eine eigene Niederlassung haben, eine neue Ordenshochschule *(studium generale)* zu gründen. Am Fest Peter und Paul, dem 29. Juni des genannten Jahres, bricht Albert von Paris nach Köln auf. Und er nimmt den jungen Thomas mit.

Ein stummer Ochse beginnt zu brüllen

Während man mit Paris den Eiffelturm verbindet, wird man im Hinblick auf Köln sofort an den Kölner Dom denken. Thomas kommt just zu jenem Zeitpunkt in die Stadt am Rhein, als am 15. August, dem Fest Mariä Himmelfahrt des Jahres 1248, der

Kölner Erzbischof Konrad von Hochstaden den Grundstein zu dieser Kathedrale legt und es ist nicht unwahrscheinlich, daß Albert, der in einer seiner Schriften die Bauarbeiten ausdrücklich erwähnt, und sein Schüler bei diesem Ereignis zugegen waren. Dies ist deshalb von besonderem Interesse, da die großen Summen der mittelalterlichen Theologen häufig mit der Idee der Kathedrale verglichen wurden. Obwohl dieser Vergleich spätestens seit den schweren Einwänden, die Heidegger gegen ihn erhob, nicht unumstritten ist, findet er dennoch bis zur Stunde immer wieder Freunde.

MARTIN HEIDEGGER, *Gesamtausgabe*, Bd. 42, 1987, S. 48–54.

Zwei Ereignisse stehen im Mittelpunkt des Kölnaufenthaltes des jungen Thomas:

Zum einen seine Priesterweihe, die sicher in jenem Zeitraum stattgefunden haben muß, über deren genauere Umstände wir jedoch keine Angaben besitzen. Seit dieser Zeit hat, wie die Biographen und auch die Zeitgenossen des Thomas berichten, die Zelebration der heiligen Messe und die Verehrung des Altarsakramentes eine zentrale Rolle im Leben des hl. Thomas gespielt. Tocco berichtet: „Hauptsächlich aber verehrte er das allerheiligste Sakrament des Altars. Weil ihm vergönnt war, tiefsinniger darüber zu schreiben, so wurde ihm gewährt, es frommer zu feiern. Täglich las er eine Messe, wenn ihn nicht Krankheit hinderte, und als zweite hörte er die seines Gefährten …“ (Tocco, Kap. 29).

Zum anderen seine „Beförderung“ vom Studenten zum Lehrer. Zunächst studiert Thomas, wie bereits in Paris, weiter bei Albert. Deutlich geprägt haben ihn dabei bezeichnenderweise die Vorlesungen seines Lehrers über das neuplatonische Werk *De divinis nominibus* des Dionysius Areopagita und jene über die Nikomachische Ethik des Aristoteles. In Thomas' eigenen Ethikkommentar hat Gauthier dann auch mehr als 350 Stellen ausfindig gemacht, die offensichtlich auf Alberts Vorlesungen zurückgehen. Bekannt ist, daß Thomas sich den Ethikkommentar Alberts in einer Art Zettelkasten angelegt hatte und die Karteikarten bei der Arbeit an eigenen Werken benützte.

(Pseudo-) **Dionysius Areopagita**, der sich im Anschluß an Apg 17,34 selbst als Paulusschüler ausgab, gehört bis zur Stunde zu den rätselhaftesten Gestalten der Geistesgeschichte. Er versuchte die neuplatonische Gottes- und Emanationslehre mit dem Christentum zu vereinigen. Thomas las den Areopagiten in der Übersetzung des Johannes Sarrazin.

In die Kölner Zeit gehört auch ein Ereignis, von dem Tocco berichtet und das sehr bezeichnend ist: Diejenigen, die Thomas persönlich kannten, berichten alle von seinem stattlichen Körperbau, zudem muß Thomas im alltäglichen Umgang auch sehr schweigsam gewesen sein. Beides führte dazu, daß die Kölner Kommilitonen ihn als „stummen sizilianischen Ochsen" bezeichneten. Als es Thomas dann gelang, innerhalb einer universitären Diskussion eine vorzügliche Antwort auf eine Frage Alberts zu geben, rief dieser aus: „Wir heißen ihn einen stummen Ochsen, aber er wird mit seiner Lehre noch ein solches Brüllen von sich geben, daß es in der ganzen Welt ertönt." (Tocco, Kap. 12). Wie man die historische Qualität dieser Anekdote auch einschätzen mag, Albert war offensichtlich von den intellektuellen Qualitäten seines Schülers überzeugt: Noch während dieser seinen Studiengang absolvierte, machte er ihn zu seinem Assistenten (Baccalaureus).

Thomas als Bakkalaureus bei Albert

Ganz den damaligen Gepflogenheiten entsprechend wurde Thomas zunächst biblischer Bakkalaureus. In dieser Eigenschaft hatte er den Studenten den wörtlichen Sinn eines biblischen Textes *cursorie,* d. h. fortlaufend und überblickhaft, verständlich zu machen. In diesem Fall las Thomas über die Bücher Jesaja und Jeremias sowie die Klagelieder. Die Frucht dieser Vorlesungen bilden die zwei ersten theologischen Werke des Aquinaten *(Expositio super Isaiam ad litteram* und *Super Ieremiam et Threnos).* Neben der schon beschriebenen knappen wörtlichen Auslegung enthalten die beiden Schriftkommentare auch sogenannte *collationes,* Randnotizen, die spirituelle und pastorale Folgerungen aus den Texten ziehen. Zwei Charakteristika der intellektuellen Persönlichkeit des Aquinaten werden bereits an diesen Randnotizen in den Erstlinkswerken deutlich: Zunächst die häufig übersehene, zentrale Rolle, die die Heilige Schrift für

Thomas spielt. Bereits im erstgenannten Schriftkommentar findet sich eine schöne *collatio* zu Jesajas 48,17, die eine kleine Lobrede auf die Heilige Schrift darstellt: Diese erleuchtet – so Thomas – wunderbar den Geist, erfreut die Seele, entflammt das Herz und ist so die Grundlage für die Belehrung der anderen, damit sie, wie auch wir, durch die hl. Schrift die ewige Seligkeit erlangen. In dieser Lobrede ist auch schon der zweite Aspekt enthalten: Die Erleuchtung des Theologen durch die Heilige Schrift will weitergegeben werden. Die in Theologie und Spiritualität gewonnene Einsicht verlangt nach ihrer pastoralen Umsetzung, besonders in der Predigt. Unübersehbar ist hier die dominikanische Losung des *Contemplata aliis tradere* (Das in der Kontemplation Erfahrene soll weitergeben werden!) zu erkennen, die zuallererst in der Predigt der christlichen Wahrheit verwirklicht werden soll.

1251 fragt Johannes von Wildeshausen bei Albert an, ob er einen jungen Theologen kennt, der geeignet ist, eine Bakkalaureusstelle in Paris zu übernehmen. Albert schlägt Thomas vor, und trotz der Bedenken, die der Ordensgeneral wegen des jugendlichen Alters des Thomas hat, willigt er, gedrängt von Hugo von Saint-Cher, schließlich ein.

Zum Ende des Studienjahres 1251/52 verläßt Thomas Köln und seinen Lehrer Albert.

Kardinal Hugo von Saint Cher O.P., († 1263) war selbst von 1230 bis 1235 Professor in Paris gewesen. In die Theologiegeschichte ging er durch seine bibelexegetischen Kommentare und eine oft gedruckte aszetische Erklärung der Hl. Messe ein.

„Mir ist die Last des Lehramtes auferlegt ..."

Im September 1252 beginnt Thomas seine Lehrtätigkeit als Bakkalaureus in Paris. Zwar steht er hier dem damaligen Brauch gemäß noch unter der Verantwortung eines Lehrstuhlinhabers, des Nachfolgers Alberts des Großen in Saint-Jacques, Elias Brunet von Bergerac. Aber er bereitet sich schon intensiv auf sein Professorenamt vor und das umfangreiche Werk, an dem er nun zu arbeiten beginnt, wird er erst als eigenständiger Magister beenden.

Kommentieren und doch ein eigenes Werk schaffen

Nach einer Phase der Kommentierung der Heiligen Schrift war es Aufgabe des den Professorenberuf anstrebenden Bakkalaureus', auch die „Sentenzen" des Petrus Lombardus zu kommentieren: In der Mitte des 12. Jahrhunderts hatte dieser Bischof von Paris ein Werk geschrieben, das zu allen zentralen Themen der Theologie eine für alle Theologiestudenten hilfreiche Zitatensammlung, die die Meinungen *(sententiae)* der Schrift, der Kirchenväter und einiger scholastischer Theologen zu dem jeweiligen Thema enthielt. Dem Franziskaner Alexander von Hales war es vorbehalten, das didaktisch nicht unklug angelegte Werk 1223 als erster an der Universität als Grundlage einer kommentierenden Vorlesung eingeführt zu haben. Über drei Jahrhunderte sollte es von da an zum obligatorischen Bestandteil des Theologiestudiums, an dem die Lehrer der Theologie ihre spekulativen Fähigkeiten beweisen konnten, werden – bis es im 16. Jahrhundert vom Hauptwerk jenes Theologen verdrängt wurde, mit dem wir uns hier befassen.

Um 1095 aus einer lombardischen Familie geboren (daher der Beiname!), kam **Petrus Lombardus** in den 40er Jahren des 12. Jhs. nach Paris und wurde auf Empfehlung des Bernhard von Clairvaux dort Magister der Theologie. 1159 wurde er zum Bischof von Paris ernannt, wo er ein Jahr später auch starb.

Ein Kommentar ist natürlich fast immer mehr als nur eine einfache Inhaltsangabe des kommentierten Werkes. Dies war im Mittelalter nicht anders: Weiß man die Sentenzenkommentare zu lesen, verraten sie – wie übrigens auch die Thomaskommentare der vergangenen 500 Jahre – mehr über ihre Autoren, als man gemeinhin anzunehmen geneigt ist, und erweisen sich trotz der vorgegebenen Basis als sehr eigenständige theologische Werke.

So auch bei Thomas, der die gesamten Sentenzen in einem Zeitraum von vier Jahren zwischen 1252 und 1256 während seines ersten Pariser Lehraufenthaltes kommentierte. Nicht nur, daß Thomas in diesem Kommentar mehr als 2000mal Aristoteles zur spekulativen Entfaltung der Heiligen Schrift und der Lehren der Kirchenväter, unter denen auch für Thomas Augustinus den Primat innehat, heranzieht. Noch bezeichnender ist es, daß er den Aufbau, den der Lombarde seinem Werk gab, grundlegend umstrukturiert. Er verändert die etwas unsystematisch scheinende ursprüngliche Grundstruktur so, daß nun ganz Gott selbst im Mittelpunkt steht. Denn die Theologie hat von den Dingen zu handeln, „insofern sie von Gott gleichsam wie von ihrem Prinzip ausgehen und zu Gott als ihrem Endziel zurückkehren" (Sent. I, 2). Den Ausgang behandelt Thomas im I. und II. Buch, die Rückkehr in Buch III und IV seines Kommentars.

Es gibt keine deutsche Übersetzung des Kommentars. Im folgenden übersetzen wir aus: THOMAS VON AQUIN, *In quatuor libros sententiarum,* ed. Roberto Busa, *Opera omnia,* Bd. I, 1980 (Kurztitel = **Sent.**).

An dieser Umstrukturierung wird bereits an seinem bedeutendsten Frühwerk ein Grundzug im Leben und Denken des Aquinaten deutlich, der uns immer wieder, gleichsam wie ein alles zusammenhaltendes Leitmotiv oder wie ein roter Faden im Leben und Werk des Thomas begegnet: Gott ist der Mittelpunkt, das Zentrum des ganzen Welt- wie Heilsgeschehens. Der Mensch, aus Gott hervorgegangen und zu ihm zurückstrebend, ist sowohl in der natürlichen als auch der übernatürlichen Ordnung ganz von Gott abhängig. Konsequent muß der Theologe diese Einsicht in seinem Leben und Werk umsetzen.

Sehr schön kommt dieses *theozentrische* Leitmotiv des thomanischen Denkens zum Ausdruck, wenn Tocco berichtet: Thomas „wunderte sich häufig, wie man des öfteren aus seinem Munde hörte, darüber, wie jemand, und besonders die Ordensleute, von anderem als von Gott oder von dem, was zur Erbauung der Seelen diente, reden könnte. Daher war es ihm schon in zarter Jugend Sitte, daß er sich auch in gemeinsamer Unterhaltung, wenn diejenigen, mit denen er zusammen war, ihren Mund über anderes als Gott und das, was auf Gott beziehbar war, gehen ließen, sogleich aus dem Sprechzimmer oder jeder anderen Gesellschaft zurückzog ..." (Tocco, Kap. 48).

Auftragsarbeiten und die „Heiligkeit der Intelligenz"

Obgleich Thomas – wie die erhaltenen Autographen (= i. d. R. eigenhändige Schriften) zeigen – bereits an dem Sentenzenkommentar hart ringend arbeitete, sind parallel dazu in jenen Jahren noch zwei weitere kleine Werke entstanden: Neben dem auf die Bitte eines Mitbruders verfaßten Werk *De principiis naturae* (Über die Prinzipien der natürlichen Wirklichkeit), das im Anschluß an Aristoteles naturphilosophisch die wichtigsten Prinzipien und Ursachen der Veränderung erklärt, das kleine, aber sehr bekannte, weil in den folgenden Jahrhunderten häufig kommentierte Werk *De ente et essentia* (Über Sein und Wesenheit). Für die Mitbrüder von Saint-Jacques geschrieben, möchte es – wie das erstgenannte Werk auch – den Anfänger in grundlegende Fragen der Metaphysik einführen.

Hier wird ein weiterer Charakterzug der intellektuellen Persönlichkeit des Thomas deutlich: Immer wieder, bis kurz vor seinem Lebensende, wird er seine reguläre Arbeit, die ihn häufig bis an die Grenze seiner physischen Belastbarkeit führt, unterbrechen, um auf Befehl von kirchlichen Oberen, auf die Bitte von weltlichen Herrschern, Ordensbrüdern und auch völlig unbekannten Ratsuchenden gewünschte systematische Schriften zu verfassen oder in Briefen

THOMAS VON AQUIN, *De principiis naturae. Die Prinzipien der Wirklichkeit.* Übersetzt und kommentiert von Richard Heinzmann, 1999.

Von *De ente et essentia* existiert auch eine neuere deutsche Übersetzung: THOMAS VON AQUIN, *Über Seiendes und Wesenheit.* Übersetzt und kommentiert von Horst Seidl, 1988 (Kurztitel = **De ente**).

und Gutachten auf bestimmte Einzelfragen zu antworten. Von insgesamt 90 echten Werken des Thomas sind immerhin 26 reine Auftragsschriften! Hier wird das deutlich, was der französische Philosoph Jacques Maritain als „sainteté de l'intelligence", als Heiligkeit der Intelligenz, bezeichnet hat. Die Heiligkeit dieses Dominikaners besteht nicht so sehr in außergewöhnlichen Wundertaten und Visionen, in der Schaffung segensreicher Institutionen und wird auch nicht gekrönt durch ein Martyrium. Es ist eine Heiligkeit, die zuerst und vor allem auf einer für das allgemein verbreitete Heiligenbild vielleicht ungewöhnlichen Ebene zu suchen ist: in der Erfüllung der „Pflichten der intellektuellen Nächstenliebe" (Torrell, S. 70). Dies ist auch der Sinn jenes vielzitierten Satzes, der aus der Predigt Papst Johannes' XXII. anläßlich der Heiligsprechung des Aquinaten stammt: „Tot igitur miracula fecit quot articulos scripsit: Er hat so viele Wunder gewirkt, wie er Artikel geschrieben hat."

JACQUES MARITAIN, *Le docteur angélique* (1930), in: *Œuvres complètes,* IV, 1983, S. 101. **Maritain** (1882–1973) gilt als einer der bekanntesten französischen Neuthomisten des 20. Jhs.

Ein hilfreicher Traum

Die fast immer ruhige sachlich-wissenschaftliche Art auch der in jenen Jahren entstandenen Werke des Thomas läßt es kaum erahnen: Die Zustände im intellektuellen Milieu, in dem Thomas wirkte, waren alles andere als friedlich. Schon 1229 waren die Professoren und Studenten der Universität in einen Generalstreik getreten, in dem der Dominikaner Roland von Cremona als Streikbrecher auftrat. Dadurch war das ohnehin gespannte Verhältnis zwischen Magistern aus dem Weltklerus und jenen aus dem Ordensklerus, von dem wir bereits kurz sprachen, zusätzlich verschlechtert worden. Ein heftiges Wiederaufflammen erlebten diese Streitigkeiten im Frühjahr 1256, als die Mendikanten von den Säkularklerikern exkommuniziert wurden. Papst Alexander IV. sah sich daher veranlaßt, in einem Brief an den Kanzler der Universität für die Mendikanten Partei zu ergreifen. In diesem Zusammenhang fordert der Papst den Kanzler, Heimerich von Veire, auch auf, Thomas möglichst rasch den Weg zur Magisterwürde frei zu machen. Doch der Kanzler war den päpstlichen Wünschen bereits zuvorgekommen. Obwohl Thomas noch nicht das vorgeschriebene Alter erreicht hatte und auch einige geeignete Mitbewerber um das freigewordenen Magisteramt zur Verfügung standen, erhält er im Februar 1256 die Lehrerlaubnis *(licentia docendi)* und damit auch die Aufforderung, seine Antrittsvorlesung vorzubereiten.

Über die auf diese Aufforderung folgenden Ereignisse scheint Thomas selbst häufiger zu verschiedenen Personen gesprochen zu haben. Dies ist einer der Gründe, warum ihre Wiedergabe durch Tocco und einige weitere Zeugen des Heiligsprechungsprozesses von Torrell (S. 72) als historisch gut verbürgt eingeschätzt wird: Thomas möchte das Amt aus Demut und weil er sich dem hohen Anspruch wissenschaftlich nicht gewachsen glaubt, ablehnen, nimmt es aber dann doch aus Gehorsam an. Es bleibt jedoch die Ratlosigkeit, welchen Gegenstand er zum Thema seiner Antrittsvorlesung machen soll. Als er lange um Weisheit und Gnade zur Ausübung des Magisteriums betet, schläft er schließlich ein und hat einen Traum. Darin begegnet er einem alten Bruder seines Ordens, der ihn fragt, worum er in Tränen aufgelöst bete. Thomas antwortete: „Mir ist die Last des Lehramtes auferlegt, zu dem meine Wissenschaft nicht ausreicht, und was ich mir für meine Anfangsvorlesung vornehmen soll, das ist mir noch nicht eingefallen." Der Greis sagte ihm: „Siehe du bist erhört worden, empfange die Last des Lehramtes; denn Gott ist mit dir, und für deine Anfangsvorlesung sollst du dir nichts anderes vornehmen, als das Wort *Du tränkst die Berge von den Höhen, und die Erde wird satt werden von der Frucht deiner Werke* (Ps 103,13)" (Tocco, Kap. 16).

Tatsächlich wird Thomas dann genau jenes Psalmwort zum Gegenstand wählen und im Sommersemester dazu seine Antrittsvorlesung halten. Der Text, der uns unter den Anfangsworten der Vorlesung *(Rigans montes)* erhalten ist, beschäftigt sich ausgehend von dem genannten Psalmvers mit der Aufgabe des Theologen. Thomas entwirft hier also gleichsam sein Ideal, ein Selbstverständnis seines zukünftigen Berufes.

Auch hier spielt das theozentrische Leitmotiv eine fundamentale Rolle: Wie auf die Gipfel der Berge die fruchtbaren Wasser des Himmels fallen, so ergießt sich das göttliche Licht, die Offenbarung, von oben auf die Theologen. Wie die reinen Wasser dann von den Gipfeln herab in die Täler fließen und das ganze Land fruchtbar machen, so sollen die Theologen die Erleuchtung von oben anderen weitergeben. Dies tun sie durch ihre dreifache Aufgabe: Lehren *(legere)*, Zurückweisung der Irrtümer *(disputare)* und Predigen *(predicare)*. Also genau jene drei Aufgaben, die die damaligen Statuten der Universität für das Magisteramt der Theologie vorsehen. Mit Hilfe einer von Dionysius Areopagita beeinflußten Systematik, welche die Weisheit stets von Gott ausgehend und dann über mehrere Stufen vermittelt sieht, werden in der Vorlesung des Thomas diese drei Ämter kunstvoll in einen größeren Zusammenhang gestellt.

Widerstand der Kollegen

Das Programm der Antrittsvorlesung klingt harmonisch, der Weg zum Magisteramt schien einfach. Doch so blieb es nicht. Zwar hatte Thomas seit seiner Antrittsvorlesung den Dominikanerlehrstuhl für ausländische Studierende an Saint-Jacques inne, doch die übrigen Universitätslehrer verweigerten ihm aus den genannten Gründen – unter Führung des Weltklerikers Wilhelm von Saint Amour – hartnäckig die Aufnahme in den Verband der Universitätslehrer *(consortium magistrorum)* und untersagen den Studenten den Besuch seiner Vorlesungen. Ähnlich ergeht es im übrigen seinem Mitbruder aus dem Franziskanerorden, Bonaventura. Erst als eine Schrift Wilhelms, die das vom Papst gebilligte Mendikantenideal übertrieben hart und äußerst polemisch angreift, von Rom aus verurteilt und Wilhelm selbst sämtlicher Pfründe beraubt, exkommuniziert und von König Ludwig von Frankreich in seine Heimatstadt verbannt wird, tritt auch eine Schwächung sei-

Der 1272 gestorbene Philosoph und Theologe **Wilhelm von Saint-Amour** war der bekannteste Gegner der Bettelorden im 13. Jh. Er kämpfte vor allem gegen die Lehrtätigkeit von Mitgliedern von Dominikanern und Franziskanern an der Pariser Universität.

Der 1274 gestorbene italienische Franziskaner **Bonaventura** ist der bedeutendste Theologe seines Ordens und nach Thomas der wichtigste Kirchenlehrer des Mittelalters. Zu ihm jetzt: MARIANNE SCHLOSSER, *Bonaventura begegnen*, 2001 (Kurztitel = **Schlosser**).

ner Partei ein. Im Spätsommer 1257 wird daraufhin für Thomas und Bonaventura der Weg ins Konsortium der Universitätslehrer frei. In jenem Jahr bricht ein für die Universität relativ friedlicher Zeitraum von etwa zehn Jahren an, und Thomas beginnt intensiv seinem Professorenamt nachzugehen. Die Tätigkeiten seines ersten Pariser Lehraufenthaltes lassen sich gut mit Hilfe seiner eigenen Beschreibung der Aufgaben des Magisters der Theologie gliedern: Die Bibel kommentieren, öffentliche Disputationen halten und predigen.

Der Kommentator

Im ganzen Mittelalter stellt die Heilige Schrift *den* grundlegenden Text für die Vorlesungen des Magisters. Es fällt nicht besonders schwer, eine solche Vorlesung des Thomas, wie er sie seit seiner Aufnahme in das Professorenkollegium täglich zu halten hatte, zu rekonstruieren: Zunächst wurde ein Teil des zu kommentierenden Bibeltextes laut im Hörsaal vorgelesen. Dann nahm der Magister eine Einteilung des Textes in Sinnabschnitte vor, um im folgenden den Text Zeile für Zeile und Wort für Wort zu erklären. Ausführlich herangezogen wurden dazu zuallererst andere Bibelstellen, sodann die Schriften der Kirchenväter und zuletzt auch philosophische Autoritäten. In einem weiteren Schritt wurden dann vermeintliche Widersprüche des interpretierten Textes mit den Aussagen des kirchlichen Lehramtes sowie den Zeugen der Tradition und der natürlichen Vernunft diskutiert.

Lediglich vom Kommentar zum Römerbrief liegt eine deutsche Übersetzung vor: THOMAS VON AQUIN, *Kommentar zum Römerbrief.* Aus dem Lateinischen übersetzt und herausgegeben von Helmut Fahsel, 1927.

Über die Frage, welche biblischen Texte Thomas genau während seines ersten Pariser Lehraufenthaltes kommentiert hat, streiten sich die Thomasforscher bis zur Stunde. Sicher wissen wir, daß Thomas im Laufe seines verhältnismäßig kurzen Gelehrtenlebens über die Bücher Jesaja, Jeremia, Klagelieder, Psalmen und Job aus dem Alten Testament, das Matthäus- und Jo-

hannesevangelium sowie die Paulusbriefe aus dem Neuen Testament gelesen hat.
Bei den uns überlieferten Texten der Schriftkommentare des Thomas muß zwischen den Teilen unterschieden werden, die nur als *reportatio,* d. h. als Vorlesungsmitschriften von Studenten oder Assistenten erhalten sind; und jenen Werken bzw. Textpassagen, die Thomas selbst geschrieben, diktiert oder überarbeitet hat *(ordinatio)* und die daher eine größere Authentizität beanspruchen können.
Tocco berichtet uns von einem Ereignis, das Thomas bei der Vorbereitung einer dieser Vorlesungen zeigt: „Als er über Isaias schrieb und durch seine Erklärung und Niederschrift die tiefen Geheimnisse des Propheten zum Licht erhob, da gelangte er an eine Stelle dieses Buches, die er nicht begriff, noch kam er zu einer Erkenntnis des Wortsinns, die ihn befriedigte." Thomas begann lange Zeit zu fasten und zu beten. In der Nacht erschienen ihm darauf – wie er einem drängenden Mitbruder, der seltsame, unerklärliche Stimmen aus seiner Zelle vernommen hatte, mit der Bitte um Diskretion später mitteilte – die Apostelfürsten Petrus und Paulus und „unterrichteten ihn in allem vollkommen" (Tocco, Kap. 31).
Solche Anekdoten verraten viel über das große Zutrauen, das Thomas zur Macht des Gebetes empfand, sie dienten aber über Jahrhunderte auch als Belegstellen, um die einzigartige Autorität des Thomas in der Theologie zu unterstreichen. Bereits Tocco ruft in diesem Zusammenhang überschwenglich aus: „O sichere, wahre, würdige und im Glauben erprobte Lehre des Doktors, die er durch göttliche Offenbarung empfing und in der er von den himmlischen Lehrern unterrichtet wurde!" (Tocco, Kap. 31). Manche Thomisten gingen noch im 17. Jahrhundert sogar so weit, die Lehre des hl. Thomas für unfehlbar zu halten.
Thomas hat während seines ersten Pariser Lehraufenthaltes nicht nur biblische Bücher kommentiert, sondern auch die Schrift *De Trinitate* (über die Dreifaltigkeit) des bereits erwähnten Philosophen Boethius. Die Arbeit gehört zu den insgesamt 13 unvoll-

THOMAS VON AQUIN, *Über die Trinität. Eine Auslegung der gleichnamigen Schrift des Boethius.* Übersetzung, Einführung und Erläuterungen von Hans Lentz, 1988 (Kurztitel = **Trin**).

endet gebliebenen Werken des Aquinaten und ist uns als Autograph erhalten. Für die mittelalterliche Wissenschaftslehre ist besonders das 1. Kapitel von Interesse, da Thomas hier eine verhältnismäßig umfassende Darstellung seiner Wissenschaftstheorie gibt.

Zu diesem Thema ist in deutscher Sprache noch immer zu empfehlen: MARTIN GRABMANN, *Die theologische Erkenntnis- und Einleitungslehre und die philosophische Wissenschaftstheorie des heiligen Thomas von Aquin aufgrund der Schrift In Boethium de Trinitate*, 1948.

Wissenschaft *(scientia)* besteht nur aus Erkenntnis, die sich auf Gründe stützt; der Beweis als Inbegriff der Wissenschaftlichkeit steht auf der Basis von Prämissen. Wissenschaft ist also immer aus jenen Gründen, aus bereits bekannten Prämissen, abgeleitete Erkenntnis. Die die Wissenschaft zutiefst prägende Rückfrage nach den Gründen kann jedoch nicht bis ins Unendliche gehen. Sie muß an den Anfang ein erstes, voraussetzungsloses, unmittelbar durch sich selbst einsichtiges und daher nicht mehr beweisbares Prinzip stellen. Mit Aristoteles ist dies für Thomas in der Philosophie der Satz vom Widerspruch: „Es ist unmöglich, daß etwas zugleich und in derselben Hinsicht ist und nicht ist."

Im Dienste der Wahrheit

Die zweite große Aufgabe des Universitätslehrers bestand in dem Abhalten von Disputationen, den *Quaestiones disputatae*. Neben den regelmäßigen privaten, nur im engeren Kreis der Studenten gehaltenen Disputationen, denen in entfernter Weise heutige universitäre Seminarveranstaltungen entsprechen, mußte der Magister mehrmals im Studienjahr auch öffentliche Disputationen durchführen.

Zweimal in jedem Jahr, in der Advents- und Fastenzeit, fanden diese *Quodlibeta* in feierlicher Form statt. Ihr Thema, das meist in einer inhaltlich klar begrenzten These bestand, wurde einige Wochen vor der Disputation öffentlich angekündigt. In der Veranstaltung, die insgesamt drei Stunden dauerte, brachten zunächst Lehrer und Studenten Gegenargumente zur angekündigten These vor. Der zu Füßen des Magisters sitzende dienstälteste Bakkalaureus versuchte dann diese durch Gegenargumente zu entkräften. Erst am darauffolgenden Tag wurde der Magister aktiv: ausführlich formulierte und begründete er seine These und widerlegte – bezugnehmend auf die Äußerungen seines Assistenten – die vorgebrachten Einwände. In einem nicht näher festgelegten, angemessenen Zeitraum erstellte der Magister nach der Disputation eine schriftliche Fassung des Diskussionsverlaufes und übergab sie der Universitätsbuchhandlung zur Veröffentlichung (handschriftliche Vervielfältigung!).

Aus dem ersten Pariser Lehraufenthalt des Thomas sind uns 29 Quaestionen, die unter dem Titel der ersten Quaestion *De veritate* zusammengefaßt und veröffentlicht wurden, erhalten. Wenn auch viele der zu dem Gesamtwerk zusammengeschlossenen Abhandlungen nur sehr entfernt etwas mit seinem Titel zu tun haben, bietet sich hier doch der Anlaß, die zentrale Bedeutung, die Thomas der Wahrheit zumißt, etwas zu veranschaulichen.

Neuere Teilübersetzung: THOMAS V. AQUIN, *Von der Wahrheit. De veritate (Quaestio 1).* Ausgew., übers. und hrsg. v. A. Zimmermann, lat.-dt., 1986 (Kurztitel = **Ver**).

In seiner epochalen Enzyklika *Fides et Ratio* (Nr. 44) nennt Papst Johannes Paul II. Thomas „Apostel der Wahrheit." Und in der Tat: Die absolute, uneingeschränkte und vorurteilsfreie Liebe zur dem Menschen zunächst autonom gegenüberstehenden Wahrheit kann als die erkenntnistheoretische Grundhaltung des Thomas schlechthin bezeichnet werden. Eine Recherche mit Hilfe des *Index Thomisticus* zeigt, daß im gesamten Werk des Thomas das Wort *veritas,* Wahrheit, allein in der Nominativform mehr als 10.000mal vorkommt.

Der **Index thomisticus** bietet das gesamte Werk des Thomas von Aquin auf CD-ROM: ROBERTO BUSA, *Thomae Aquinatis Opera Omnia.* Cum Hypertextibus in CD-ROM, Editio secunda, 1997.

Weil Thomas „die Wahrheit vorbehaltlos anstrebte, konnte er in seinem Realismus deren Objektivität anerkennen" (*Fides et Ratio* Nr. 44). Nach der Wahrheit – als dem unter erkenntnistheoretischem Aspekt betrachteten Sein – verlangen alle Menschen, unabhängig von dem greifbaren Nutzen, den die Erkenntnis bringt. Auch wenn der Pragmatismus das Gegenteil behauptet, ist es dem Menschen von Natur aus eigen, nach der Erkenntnis der Wahrheit zu verlangen. Otto H. Pesch hat richtig festgestellt: Nicht die Furcht um das persönliche Heil, wie bei Luther, sondern die Sorge um die Wahrheit und die Verachtung des Irrtums prägen das Denken des Thomas. Die größte Wohltat, die man nach Thomas einem Menschen erweisen kann, besteht darin, daß man ihn vom Irrtum zur Wahrheit führt. Wenn es darum geht, die allzu leichte und leider allzu oft sehr erfolgreiche Verfälschung der Wahrheit aufzudecken und zu brandmarken, kennt Thomas keinen Kompromiß und keinen Irenismus. Aber selbst dort, wo es Konflikte gibt, disputiert Thomas immer darauf vertrauend, daß die Wahrheit eine geradezu überwältigende Macht ausübt. In seinem Kommentar zum Buch Job (13,19) schreibt er: „Man muß in Betracht ziehen, daß die Wahrheit durch die Verschiedenheit der Personen nicht verändert wird. Wenn daher jemand etwas Wahres sagt, kann er nicht besiegt werden, mit wem auch immer er disputiert." Allerdings kann und soll in diesem Zusammenhang etwas nicht verschwiegen werden, was eine von den Ideen der Aufklärung bestimmten Zeit, gelinde gesagt, befremden muß: Ganz Kind seiner Zeit billigt Thomas auch die harte Bestrafung jener, die in seinen Augen die Wahrheit gefährden: Nach Thomas hat die Kirche, wenn alle Versuche fehlgeschlagen sind, den Ketzer zur Wahrheit zurückzuführen, im Interesse der Rettung der anderen und zur Aufrechterhaltung des Friedens in der Gesellschaft, diesen dem weltlichen Gericht und damit der Bestrafung durch den Tod zu übergeben.

Zur Frage der **Ketzerbestrafung** bei Thomas vergleiche man die ausgewogenen Untersuchungen von Gerhard Beestermöller, *Thomas v. Aquin und der gerechte Krieg*, 1990, S. 173–195.

Thomas als Prediger und Polemiker

Obwohl Thomas über sehr lange Zeit in Frankreich gelebt hat, scheint er wohl nie die französische Sprache gelernt zu haben. Für das Leben an der Universität war dies auch überhaupt nicht nötig: Ob in Bologna, Köln oder Paris – hier sprach man Latein. Dies war auch der Grund, daß Thomas während seiner Parisaufenthalte dem dritten Amt des Magisters, dem Predigen, ausschließlich in lateinischer Sprache nachgekommen ist (Weisheipl, S. 124). Erhalten sind uns denn aus diesem Lebensabschnitt des Aquinaten nur Mitschriften von Predigten, die dieser vor der Universitätsgemeinschaft gehalten hat. Daß er in Paris überhaupt gepredigt hat, ergibt sich neben diesen wenigen erhaltenen Texten, aus den selbstverständlichen Pflichten des Magisters, zumal eines solchen aus dem Predigerorden. Wir wissen davon aber auch durch einen Brief Papst Alexanders IV. vom 26. Juni 1259, der sich auf ein Ereignis am Palmsonntag 1259 bezieht: Der Papst fordert in diesem Brief den Bischof von Paris auf, einen Studenten streng zu bestrafen, der Thomas in seiner Predigt am genannten Palmsonntag nicht nur lautstark unterbrochen und beleidigt, sondern diese Aktion auch noch zu einer Werbung für das verurteilte Buch Wilhelm von Saint-Amours genutzt hat (Torrell, S. 93).

Wie Thomas auf die Aktion des Unruhestifters reagiert hat, wissen wir nicht. Was wir wissen, ist, daß sich Thomas sofort nach seiner Berufung zum Magister in den Streit um das Mendikantenideal eingemischt hat. Am bedeutendsten ist in diesem Zusammenhang eine kleine Schrift, die Thomas, noch bevor Wilhelms Verurteilung in Paris bekannt wurde, im November 1256 verfaßt hat, und die uns unter dem Titel *Contra impugnantes Dei cultum et religionem* überliefert ist. Mit einem Engagement, dem man deutlich die persönliche Betroffenheit anmerkt, verteidigt der junge Gelehrte die Praxis der Predigt, des Beichtehörens und das Armutsgelübde verbunden mit dem Betteln um Almosen im Dominikanerorden. Noch mehrmals wird er in seinem Leben für das Ideal des Mendikantenordens die Feder ergreifen: 1270 mit dem Werk *De perfectione spiritualis vitae,* in dem er gegen Gerhard von Abbeville das Ideal des Predigerordens verteidigt. Und ein Jahr später in der kleinen Schrift *Contra retrahentes,* die sich gegen jene richtet, die junge Leute am Eintritt in einen Bettelorden hindern wollen! Diese kleinen Werke sind nicht nur ordensgeschichtlich von großem Interesse. Sie zeigen uns vor allem einen häufig von den Thomasbiographen übersehenen Charakterzug des Aquinaten. Während alle Biographen einstimmig und immer wieder berichten, Thomas sei ein besonders friedliebender, harmoniebedürftiger Mensch gewesen, zeigt sich hier, daß er, wenn er den Frieden – als Ruhe in der Ordnung

Übersetzung von *De perfectione...:* THOMAS VON AQUIN, *Die Vollkommenheit des geistlichen Lebens.* Ins Deutsche übertragen durch P. Eberhard M. Welty, 1933 .

und Wahrheit – bedroht sieht, durchaus auch bereit ist, mit den Waffen des Geistes für eine Wiederherstellung des Friedens zu kämpfen. Torrell hat an einer Reihe von Zitaten aus den genannten Werken gezeigt, daß Thomas in dem beschriebenen Zusammenhang nicht selten sehr polemisch, zuweilen sogar sarkastisch und ironisch reagiert (Torrell, S. 109–114).

Ende des Pariser Lehraufenthalts

Pfingsten 1259 findet das Generalkapitel des Dominikanerordens in Valenciennes statt, an dem auch Thomas teilnimmt. Er wird in eine Kommission, die sich mit der Förderung der Studien im Orden beschäftigen soll, berufen. Welche Rolle Thomas genau in dieser Kommission, die fünf Mitglieder umfaßte, spielte, läßt sich nicht mehr herausfinden. Feststellen läßt sich jedoch, daß die Empfehlungen, die diese Kommission erarbeitet, ganz den Vorstellungen des Thomas entsprechen: In ihrem Mittelpunkt steht die Vorrangigkeit des Studiums vor allen anderen Tätigkeiten der Ordensleute. Und zwar nicht nur für jene, die sich auf die Priesterweihe oder eine universitäre Lehrtätigkeit vorbereiten. Auch die Vorgesetzten und fertig Ausgebildeten sollen die Disputationen, wann immer es ihnen möglich ist, als Chancen der „Fortbildung" nutzen.
Als Thomas vom Generalkapitel nach Paris zurückkehrt, ist das Studienjahr fast zu Ende. Seine Ablösung durch seinen ältesten Assistenten, Wilhelm von Altona, dem 1260 dann sein zweiter Assistent Hanibaldis de Hannibal nachfolgen wird, ist bereits beschlossene Sache.
Mit letzterem hat Thomas wohl – nicht zuletzt wegen der gemeinsamen Muttersprache – während seines Parisaufenthaltes eine engere Freundschaft geschlossen. Nicht nur, daß Annibaldo, wie seine Schriften zeigen, von Thomas sehr viel gelernt hat, der Lehrer hat seinem Assistenten später auch die drei letzten Bücher seiner 1264 verfaßten *Catena aurea*, einem Werk auf das wir noch zu sprechen kommen werden, gewidmet.

Rückkehr nach Italien

Der erste Pariser Lehraufenthalt des Thomas war bereits nach zwei Jahren der Magistertätigkeit zu Ende gegangen. Dies hatte seinen Grund nicht etwa darin, daß für die Stelle ein anderer geeigneterer Bewerber zur Verfügung stand oder daß Thomas woanders dringender gebraucht wurde. Dem Dominikanerorden ging es vielmehr darum, innerhalb kürzester Zeit im renommierten Paris eine große Zahl an Lehrern auszubilden, die dann in den in jener Zeit in großer Zahl neu entstehenden Studienhäusern des Ordens das Lehramt übernehmen konnten.

Eine ungewisse Zeit - ein rätselhaftes Werk

Was Thomas genau nach der Beendigung seines ersten Pariser Lehraufenthaltes im Herbst 1259 tat, ist sehr ungewiß. Zuverlässige Urkunden und Aussagen der frühen Biographen des Thomas fehlen für die Zeit zwischen 1259 und 1261 fast vollständig.
Einig sind sich alle Biographen jedoch, daß der junge Magister in seine Heimat, nach Italien, zurückkehrte. Entweder nach Anagni, wo sich damals der päpstliche Hof Papst Alexanders IV. befand, um dort wieder als Theologe tätig zu werden. Oder, wie Torrell (S. 119) und Weisheipl (S. 137) mit vielen anderen jüngeren Thomasforschern annehmen, nach Neapel; wo er sich im Konvent San Domenico, den er vor 15 Jahren als Dominikanernovize verlassen hatte, bis zum Sommer 1261 aufhielt. Thomas war dort sehr wahrscheinlich weitgehend von offiziellen Aufgaben befreit und konnte diese Jahre für ein persönliches Studium nutzen.
Sieht man von einer chronologisch sehr genauen Zeugenaussage im Heiligsprechungsprozeß des Aquinaten ab, fehlen für diese Annahme zwar Belege, sie ist aber unter den bisher aufgestellten Hypothesen die wahrscheinlichste: Thomas

THOMAS VON AQUIN, *Summa contra Gentiles. Summe gegen die Heiden.* 5 Bde, 1974–1996 (Kurztitel = **ScG**).

hat nämlich in jenen Jahren den größten Teil seines vielleicht persönlichsten, „rätselhaftesten und hinsichtlich seiner Sinndeutung darum umstrittensten" (Pesch, S. 102) Werkes, der *Summa contra Gentiles* geschrieben.

„Diese Aufgabe ist die wesentlichste meines Lebens"

Einführungen: ROLF SCHÖNBERGER, *Thomas von Aquins Summa contra gentiles*, 2001 und HELMUT HOPING, *Weisheit als Wissen des Ursprungs*, 1997 (Kurztitel = **Hoping**).

Im Unterschied zu den meisten bisher besprochenen Texten gehört die *Summa contra Gentiles,* wie bereits ihr Name verrät, zu den sogenannten Aktivitäten außerhalb des Lehrplans. Das heißt, sie stellt nicht ein schriftliches Gegenstück zu einer institutionalisierten Lehrveranstaltung dar, entspringt nicht den im engeren Sinne akademischen Verpflichtungen. Vielmehr ist sie als eine sehr eigenständige Synthese der bisher gewonnenen Einsichten des jungen Magisters zu verstehen.

Was es mit vielen anderen Arbeiten gemeinsam hat, ist die Tatsache, daß dieses Werk auf die Bitte eines Ordensbruders hin entstanden ist. Der aragonische Geschichtsschreiber Peter Marsili berichtet in seiner 1313 fertiggestellten Chronik des Königs von Aragon, Jakob' I., folgende Begebenheit: „Brennend nach der Bekehrung der Ungläubigen verlangend hat er [Raimund von Peñafort] den herausragenden Doktor der Heiligen Schrift und Magister der Theologie, Bruder Thomas von Aquin aus demselben Orden, der unter allen Klerikern dieser Welt nach Bruder Albert als der größte Philosoph galt, darum gebeten, ein Werk gegen die Irrtümer der Ungläubigen zu schreiben, durch das sowohl das Dunkel der Finsternis beseitigt als auch den zu Glauben Gewillten die Lehre des wahren Lichtes entfaltet würde. Jener Magister tat, was die demütige Bitte eines so bedeutenden Vaters erforderte und verfaßte

Raimund von Peñafort (1180–1275) war nicht nur von 1238–40 Generalmeister der Dominikaner, sondern auch Berater Jakobs I. und Organisator einer Aktion zur Missionierung der Juden und Mauren in Aragonien.

eine Summe, welche gegen die Heiden betitelt wird, und die, wie man meint, auf ihrem Gebiet nicht ihresgleichen hat" (Hoping, S. 34).

Liest man die Textpassage von Marsili genau, sieht man bereits hier, daß mit den „gentiles", den Heiden, im heute gebräuchlichen Titel keineswegs nur die Muslime gemeint sind, wie häufig bis zur Stunde angenommen wird. Vielmehr stellt das Werk eine groß angelegte Auseinandersetzung mit verschiedensten Vorstellungen, die den katholischen Glauben gefährden, dar. Daher auch sein ursprünglicher Titel (das *Incipit*): „Buch über die Wahrheit des katholischen Glaubens gegen die Irrtümer der Ungläubigen".

Indem sich die Summe mit einer erstaunlichen Fairneß mit den verschiedensten Positionen von „Ungläubigen" auseinandersetzt und diese in eine Diskussion mit der katholischen Lehre eintreten läßt, stellt sie sozusagen eine Art ökumenischen Gesprächsversuch *avant lettre* dar. Eines Dialogs freilich, der seine Kraft nicht nur aus der klar reflektierten Kombination philosophischer und theologischer Argumente, die gemeinsam das christliche Weisheitswissen bilden, zieht. Sondern eines Dialogs, der zutiefst geprägt ist von der Tatsache, daß Thomas einen festen Standpunkt hat, und zwar das Entschlossensein zur umfassenden Identitätswahrung des „christlichen Weisheitswissens" (Hoping, S. 70), und der von daher tatsächlich zutiefst missionarisch ist.

Im 2. Kapitel des 1. Buches findet sich eine der wenigen Stellen im Gesamtopus des Thomas, in denen er in einer verhältnismäßig persönlichen Art von sich selbst spricht und die zeigt, wie sehr die *Summa contra Gentiles,* mehr als alle anderen großen Werke des Thomas, ein Reflex seines persönlichen Lebensprogramms ist: „Nachdem wir also aus der göttlichen Güte die Zuversicht geschöpft haben, die Aufgabe des Weisen zu übernehmen, wenn es auch über die eigenen Kräfte hinausgeht, haben wir uns als Ziel gesetzt, die Wahrheit, die der katholische Glaube bekennt, nach unserem Vermögen darzulegen und dabei entgegenstehende Irrtümer auszuschließen. *Ich bin mir bewußt,* um die Worte des Hilarius zu gebrauchen, *diese Aufgabe geradezu als die wesentlichste meines Lebens Gott schuldig zu sein, daß all meine Rede und all mein Sinn nur von ihm sprechen"* (ScG l.1, c.2).

Generalprediger und Reisender

Eine der wenigen sicheren Daten zum Leben des Thomas, die wir für die Zeit zwischen 1259 und 1261 besitzen, ist die Nachricht über die Ernennung des Thomas zum Generalprediger seiner Ordensniederlassung in Neapel am 29. September 1260. Ein Amt, das er bis zu seinem Tode innehaben wird. Die Aufgabe des Generalpredigers verpflichtete Thomas in erster Linie natürlich zur regelmäßigen Predigt. Tocco berichtet über das Predigen des Thomas: „Und weil der wunderbare Lehrer so zu Gott erhoben war, wie er sich in der Liebe zum Nächsten verströmte, gestaltete er seine Predigt, durch die er Gott gefiele und dem Nächsten nützlich sei, so, daß sie nicht in vorwitzigen Worten menschlicher Weisheit bestand, sondern im Geiste und in der Kraft des Vortrags. Indem er den die Neugier kitzelnden Wohlklang in der Einteilung des Themas und im Vollzug der Rede vermied, was mehr der Neugierde als dem Nutzen diente, legte er nur in seiner Muttersprache ... vor und befaßte sich mit dem, was dem Volke nützlich war. Er überließ Spitzfindigkeiten der scholastischen Unterredung und Lehre." Und diese Art zu predigen blieb nicht erfolglos: „Er wurde vom Volke so ehrfürchtig gehört, als käme seine Predigt von Gott" (Tocco, Kap. 48).
Durch das Amt des Generalpredigers war Thomas aber auch in einigen Fragen von der Unterstellung unter die Autorität des dortigen Priors befreit und besaß darüber hinaus ein aktives Stimmrecht bei dem alljährlich stattfindenden Provinzkapitel. Da dieses Kapitel jedes Jahr an einem anderen Ort der Provinz stattfand, bedeutete die Aufgabe eine von Thomas nicht geliebte, rege Reisetätigkeit, die mit entsprechenden körperlichen Mühen – Thomas reiste als Bettelmönch ausschließlich zu Fuß – verbunden war. Der französische Philosophiehisto-

riker Louis Millet hat einmal nachgerechnet und ist zu dem Ergebnis gekommen, daß Thomas innerhalb seines relativ kurzen Gelehrtenlebens mehr als 13.000 Kilometer größtenteils zu Fuß auf Reisen zurückgelegt hat. Die Legenden, die sich um den vollschlanken Körperbau des Aquinaten ranken, verlieren dadurch an Wahrscheinlichkeit.

LOUIS MILLET, *Thomas d'Aquin saint et docteur,* 1999, S. 9.

Auf einem der genannten Generalkapitel, jenem am 14. September 1261 im Orvieto, wird Thomas zum Lektor im dort befindlichen Konvent ernannt. Bepackt unter anderem mit dem Manuskript seiner *Summa contra Gentiles* verläßt er daraufhin Neapel wieder und begibt sich in die alte etruskische Felsenstadt im Herzen Asturiens. Und wieder erscheint es geradezu als eigentümliche Fügung, daß dieser Ort in eben jenem Jahr zu einem der Zentren der westlichen Christenheit aufsteigt, um schon einige Jahrzehnte später wieder in die Bedeutungslosigkeit zu versinken: Aufgrund bürgerkriegsähnlicher Zustände in Rom verlegt der am 29. August 1261 zum Papst gewählte Urban IV. die päpstliche Kurie nach Orvieto. Dieser Papst hatte nicht nur selbst in Paris studiert, er zeigte auch eine große Liebe zur Wissenschaft. So zog sein Hof große Gelehrte an, die an seiner Kurie tätig wurden. Nicht nur der bekannte Mathematiker Campano von Novara und der flämische Dominikaner Wilhelm von Moerbeke, der bekannte abendländische Übersetzer des Aristoteles, lehren hier. Auch Albertus Magnus hält sich dort von 1262 bis 1263 auf.

Lektor im Konvent von Orvieto

Nur etwa 10 Prozent der Dominikaner, die im 13. Jahrhundert zum Priesteramt ausgebildet wurden, hatten das Glück, an einem der ordenseigenen großen Studienhäuser, den *studia generalia,* zu studieren. Die große Mehrheit wurde in ihren jeweiligen Konventen ausgebildet. Diese Ausbildung war weniger ein wissenschaftliches Studium als eine Berufsausbildung. Die jungen Ordensbrüder wurden hier auf ihre späteren prie-

sterlichen Tätigkeiten, vor allem auf das Predigen und die Spendung des Beichtsakramentes, vorbereitet. Diese Ausbildung zu leiten war nun die Aufgabe des Thomas. Dabei standen ihm einige von Ordensbrüdern verfaßte Handbücher, die er dem Unterricht zugrundelegen konnte, zur Verfügung. Wahrscheinlich ist in diesem Zusammenhang in Thomas die Idee der Abfassung einer neuen theologischen Summe gereift, die er Jahre später in Angriff nahm. Denn die zur Verfügung stehenden Handbücher waren nicht nur didaktisch äußerst unklug aufgebaut, lückenhaft und systematisch unzureichend gegliedert. Generell kamen in ihnen dogmatische Fragen zugunsten der Themen praktischer Theologie zu kurz. Die Unzufriedenheit mit diesen Büchern war es wohl, die Thomas bereits in Orvieto dazu führte, den Plan und erste Vorarbeiten zu einem neuen Handbuch für Anfänger in der Theologie zu entwerfen.
Thomas hatte als Lektor aber auch dem ganzen Konvent kursorisch jeweils ein Buch der Heiligen Schrift zu kommentieren. Parallelen zu Stellen des dritten Buches der *Summa contra Gentiles,* das er in jenen Jahren fertig stellte, sprechen dafür, daß während dem Lektorat in Orvieto der Kommentar des Thomas zum Buch Job *(Expositio super Job)* entstand. – Eine Arbeit, die sicher „einer der schönsten Schriftkommentare des Thomas" (Torrell, S. 140) ist. Gleichsam leitmotivisch durchzieht den ganzen Kommentar eine der schwierigsten und doch grundlegendsten Fragen der Theologie: Jene nach dem Geheimnis der göttlichen Vorhersehung und Vorherbestimmung, dem Zusammenhang von menschlichem Elend und Leid auf der einen und der göttlichen Güte und Allmacht auf der anderen Seite.
Ebenfalls in Orvieto hat Thomas mit großer Wahrscheinlichkeit, neben kleineren Auftragsarbeiten und Gutachten, einen Kommentar zu dem Werk „Über die göttlichen Eigenschaften" *(De divinis nominibus)* des – im Mittelalter fast kanonische Autorität besitzenden, weil für einen direkten Apostelschüler gehaltenen – Pseudo-Dionysius verfaßt. Während Thomas diesen in seinem Sentenzenkommentar noch für einen Aristoteliker hielt (Sent. II, 14,1,2), erkennt er diese Einschätzung nun – im Proömium von *de divinis nominibus* – als verfehlt an und ordnet

ihn richtig dem platonischen Denken zu. Nicht nur, daß wir hier sehen, daß auch mit Thomas „kein Meister vom Himmel gefallen ist". Für jene, die in Thomas einen christlichen Aristoteliker sehen, hält dieses Werk zudem große Überraschungen bereit. Es zeigt, wie stark Thomas neben aristotelischem Gedankengut auch platonische und neuplatonische Grundvorstellungen positiv, beide grundlegend im Sinne seiner eigenen Denkform verändernd, in seine eigene Synthese verschmolzen hat.

Theologe im Auftrag Papst Urbans IV.

Eine sehr alte Überlieferung aus dem 14. Jahrhundert geht davon aus, daß der erste päpstliche Hoftheologe der hl. Dominikus war und von da an bis zum heutigen Tag immer Dominikaner dieses wichtige Amt innehatten. In diesem Zusammenhang hat man lange Zeit angenommen, auch Thomas habe unter Urban IV. dieses Amt in Orvieto bekleidet. Wenn diese Annahme heute auch fraglich erscheint (Weisheipl, S. 146; Torrell, S. 137), so kann doch kein Zweifel daran bestehen, daß Thomas zum päpstlichen Hof, besonders zu Wilhelm von Moerbeke, dessen Übersetzungen er aufgrund mangelnder Griechischkenntnisse dringend benötigte, engste freundschaftliche Verbindungen hatte und der gelehrte Papst Urban ihn äußerst schätzte. Drei im Auftrag Urban IV.' entstandene Werke zeugen eindeutig davon.

Zunächst die *Catena aurea* („Goldene Kette"), auch genannt *Glossa continua super Evangelia*. Bei dieser Schrift handelt es sich um eine fortlaufende Sammlung („Kette") exegetischer Zitate großer Theologen der Vorzeit zu den vier Evangelien, zu der Thomas irgendwann im Winter 1262/63 den päpstlichen Auftrag erhielt. Tocco berichtet: „Der Lehrer schrieb ein Werk über die vier Evangelien, das in wunderbarer Weise aus den Autoritäten der Heiligen zusammengefügt war; er machte aus ihnen die Geschichte der Evangelien so zu einer Ganzheit, daß sie gleichsam die Postille eines ein-

Es existiert nur eine sehr alte, vollständige Übersetzung des Textes ins Deutsche: THOMAS VON AQUIN, *Goldene Kette...* Übersetzt von J.N. Oischinger, 7 Bde., 1881–1883 (Kurztitel = **Cat**).

zigen Lehrers zu sein schien. In diesem Werk glaubt man bewundern zu können, daß Gott dem Doktor ein Wunderzeichen erteilt hat. Als er die verschiedenen Klöster besuchte und die Schriften der verschiedenen Heiligen las, da behielt er zum großen Teil ihre Autoritätsbeweise im Gedächtnis ..." (Tocco, Kap. 17). Tatsächlich muß Thomas ein gutes Gedächtnis besessen haben, auch das genannte Werk hat er in einem erstaunlich kurzen Zeitraum fertigstellen können und die kritische Kenntnis der Väter, die er darin zeigt, erstaunt auch heute noch. Was Tocco jedoch nicht sagt: Thomas hatte nicht nur einige eigene schriftliche Aufzeichnungen, die er bei dem besagten Besuch der Klosterbibliotheken angefertigt hatte und auch die damals gebräuchlichen Väter-Florilegien zur Hand. Daneben bekam er bei seiner Arbeit Unterstützung durch Sekretäre, die Vorarbeiten zu dem Werk erstellten, so daß Thomas nur die Endredaktion des Werkes übernehmen mußte.

Dies lenkt unseren Blick auf die unglaublich reiche und sehr schnelle Produktion eines geradezu gigantischen Werkes, die bereits hier in Orvieto erstaunt, sich aber in dem folgenden Jahrzehnt noch steigern wird. Thomas muß nahezu die gesamte Zeit seines Ordenslebens mit wissenschaftlichem Arbeiten zugebracht haben. Diese Annahme wird gedeckt durch einen wichtigen Zeugen im Heiligsprechungsprozeß, Bartholomäus von Capua, der den Tagesablauf des Thomas wiedergibt. Er gibt zu Protokoll, „daß Bruder Thomas an jedem Tag zu ganz früher Morgenstunde in der Kapelle des hl. Nikolaus die heilige Messe feierte, und nachdem er sie gefeiert hatte, war sogleich ein anderer Priester bereit, der eine weitere Messe feierte, und nachdem er diese Messe gehört hatte, legte er die priesterliche Gewandung ab und bestieg sogleich die Lehrkanzel. Sobald er die Lehrkanzel verlassen hatte, setzte er sich zum Schreiben nieder ... Danach aß er. Daraufhin kehrte er zu seiner Kammer zurück und beschäftigte sich mit dem Göttlichen bis zur Nachtruhe. Nach dem Ruhen nahm er das Schreiben wieder auf ..." (Eckert, S. 228–229). Aber selbst dieser strikt geregelte Tagesablauf reicht nicht hin, um sich die Entstehung des Riesenwerkes innerhalb weniger Jahre zu erklären. Aufgrund vieler Zeugenaussagen und der neueren Handschriftenforschung wissen wir, daß dies weniger einem Wunder zu verdanken ist als der Tatsache, daß Thomas nicht nur bei der Abfassung der Catena, sondern seit der Zeit in Orvieto regelmäßig ein ganzer Mitarbeiterstab von Sekretären zur Hand ging. Tocco selbst berichtet, daß Thomas oft „drei und zuweilen vier Schreibern" (Tocco, Kap. 17) zu allen möglichen Tag- und Nachtzeiten auf einmal diktierte. Die Sekretäre hatten jedoch nicht nur die Aufgabe, Diktate aufzunehmen, sie mußten auch gewünschte Zitate sammeln oder in abgeschlossenen Werken bereits gemachte Ausführungen des Thomas in neue Textzusammenhänge kopieren (Torrell, S. 256).

Thomas und die griechischen Väter

Betrachtet man die *Catena* genauer, fällt eine theologiegeschichtliche Besonderheit auf: Mehr als zwei Drittel der zitierten Väter sind griechische. Thomasforscher sprechen deshalb zu Recht davon, daß Thomas im Laufe der Erarbeitung der *Catena* nicht nur ein respektvolles Wohlwollen gegenüber den griechischen Kirchenvätern entwickelte, sondern ihm hier generell die große theologiegeschichtliche wie spekulative Bedeutung der griechischen Theologie aufging. Dies mag mit einer weitreichenden Entdeckung zusammenhängen. Thomas fand – wohl in der Abteibibliothek von Montecassino, vielleicht aber auch im päpstlichen Archiv in Orvieto – zwischen 1260 und 1263 die Akten und Sitzungsberichte der ersten fünf Ökumenischen Konzilien und wurde so zum ersten scholastischen Autor überhaupt, der diese im Wortlaut zitiert. Beide Entdeckungen haben auf das theologische Denken des Thomas sehr stark eingewirkt und viele Veränderungen, die wir in zentralen Themen der Theologie des Thomas, wie etwa der Gnaden- und Sakramentenlehre sowie der Christologie,

Als die 5 ersten **Ökumenischen Konzilien** gelten das Konzil von Nicaea (325), Konstantinopel I (381), Ephesus (431), Chalzedon (451) und Konstantinopel II (553). All diese Zusamenkünfte fanden also in der *Oikumene*, der Welt des Mittelmeerraumes (vgl. Apg 1,8), statt. Beraten wurden hier vor allem strittige Fragen der Christologie.

zwischen den Schriften vor und jenen nach 1260 feststellen können, haben hier eine ihrer Ursachen.
Der durch diese Entdeckung entstandene Wissensvorsprung war es wohl, der Urban veranlaßte, Thomas für ein weiteres, mit der Erarbeitung der Catena zusammenhängendes Projekt zu gewinnen. Seit dem 9. Jahrhundert hatten sich die lateinische und die griechische Kirche immer weiter voneinander entfernt. In den 70er Jahren des 13. Jahrhunderts jedoch standen die Chancen für eine Einigung besonders gut: Nicht nur Urban IV. hatte an einer solchen großes Interesse, auch der griechische Kaiser Michael VIII. Paleologus zeigte im Sommer 1261 dem Papst seine Bereitschaft, in Einigungsgespräche einzutreten. Einer der daraufhin bestellten Vermittler war Nikolaus von Durazzo, der 1263 mit einer kleinen Schrift *(Libellus)* nachzuweisen suchte, daß alle griechischen Kirchenväter die von der späteren griechischen Kirche abgelehnte Lehre, daß der Heilige Geist aus Vater und Sohn hervorgeht (Kontroverse um das *filioque*), vertreten hätten. Der gelehrte Urban hat wohl erkannt, daß diese Position nur durch einen undifferenzierten Umgang mit den Kirchenvätertexten möglich war und Thomas gebeten, eine koreferierende Arbeit zu verfassen. Tocco (Kap. 21) schreibt: „Auf Geheiß des Papstes Urban gab er gegen [die Griechen] ein besonderes Büchlein heraus, in dem er sie durch die von den griechischen Lehrern selbst erkannte Wahrheit besiegte."
Seit der Entdeckung der Arbeit Nikolaus' ist eine gerechtere Würdigung dieser Arbeit des Thomas möglich: Es ist geradezu erstaunlich, wie es Thomas – trotz fehlender Griechischkenntnisse – gelingt, eine wesentlich differenziertere, den griechischen Vätern deutlicher gerecht werdende Lösung der umstrittenen Fragen zu geben. In dem Werk, das den etwas unangemessenen Titel *Contra errores Graecorum* („Gegen die Irrtümer der Griechen") trägt, mahnt dann Thomas auch sehr energisch zur Vorsicht beim Zitieren von Autoritäten, da Zitate ausreichend nur in ihrem Kontext verständlich werden; außerdem stellt er die Lehre der römisch-katholischen Kirche: vom Ausgang des Heiligen Geistes aus Vater und Sohn, über

den Primat des Papstes, die Materie der Eucharistie (gesäuertes oder ungesäuertes Weizenbrot und Wein vom Weinstock) und die Existenz des Purgatoriums („Fegefeuer“) frei von jedem Irenismus oder vorschneller Vereinnahmung der griechischen Väter und dennoch sachlich und ohne Polemik gegen die griechische Kirche dar. Daß Thomas aus heutiger Perspektive dennoch in vielen Fragen allzu sehr vom *Libellus* des Nikolaus abhängig bleibt, soll hier nicht verschwiegen werden.

„Gut hast du über meinen Leib geschrieben ...“ – das Fronleichnamsoffizium

Glaubt man Bartholomäus von Capua (siehe das Zitat S. 50), so kann man annehmen, daß die heilige Messe, das Sakrament der Eucharistie, im Leben des hl. Thomas eine zentrale Rolle gespielt hat. Schon der mit seinem Glauben etwas vertraute Katholik denkt, hört er „Thomas von Aquin“, sofort an die großen, uns unter dessen Namen überlieferten eucharistischen Hymnen, an das *Pange lingua* („Preise Zunge das Geheimnis“) und das *Adoro Te* („Gottheit tief verborgen“). Dies ist gar nicht so selbstverständlich: Immer wieder wurde seit den angesehenen Forschungen der Bollandisten aus textinternen Gründen und aufgrund der relativ späten Zuschreibung der Texte daran gezweifelt, daß das Fronleichnamsoffizium tatsächlich von Thomas stammt. Spätestens seit den wichtigen Forschungen des französischen Dominikaners Pierre-Marie Gy, der die kritische Edition der Texte in der Leonina geleitet hat, kann jedoch an deren Authentizität kaum mehr ein Zweifel bestehen. Das gesamte Fronleichnamsoffizium der Römischen Liturgie, wahrscheinlich auch das *Adoro Te,* stammen tatsächlich aus der Feder des Thomas. Das für die Stadt Lüttich bereits gegen 1240 nachweisbare Fronleichnamsfest wurde 1264 von Urban IV. mit der Bulle *Transiturus* ins Römische Offi-

Als **Bollandisten** bezeichnet man eine in Antwerpen ansässige historische Forschergruppe, die sich seit dem 17. Jh. mit der kritischen Untersuchung der Hagiographie beschäftigte und nach ihrem Begründer, dem Jesuiten Jean Bollandus (1596–1665) benannt ist.

Pierre Marie Gy, *L'office du Corpus Christi et S. Thomas d'Aquin,* in: *Revue de sciences philosophiques et théologiques* 64 (1980) S. 491–507.

Zitiert wird der deutsche Text des Fronleichnamsoffiziums und des Adoro te nach: *Der große Sonntags-Schott*, hrsg. v. den Benediktinern der Erzabtei Beuron, 1989 und *Das Breviergebet. Deutsche Ausgabe des Breviarium Romanum*, hrsg. v. Peter Morant, Bd. 2, 1966.

zium aufgenommen und in diesem Jahr auch zum ersten mal gefeiert. Urban hat dazu Thomas mit der Abfassung der Texte für die Liturgie vertraut. Thomas „schrieb auf Befehl des Papstes Urban die Tagzeiten des Fronleichnamsfestes, in dem er alle alttestamentlichen Vorbilder dieses Sakramentes darstellte und die Wahrheiten, die aus der Gnade des neuen Bundes stammen, zusammentrug" (Tocco, Kap. 17). In der Tat fällt die geschickte Kombination alttestamentlicher und neutestamentlicher Stellen auf. Noch aussagekräftiger erscheint es jedoch, mit Gy genau zu verfolgen, wie Thomas die in Lüttich bereits vorhandenen Texte zwar zum Fundament seiner eigenen Arbeit nimmt, sie aber so wandelt, daß seine eigene Eucharistielehre klar zum Ausdruck kommt. Diese wählt die höhere Mitte zwischen jenen Auffassungen, die die Gegenwart Christi in den Gestalten von Brot und Wein nur symbolisch deuten und solchen, die – wie auch das Lütticher Offizium – ganz auf eine lokale körperliche Gegenwart Christi fixiert sind: Christi Gegenwart ist nicht Folge eines örtlichen Herabsteigens des Gottmenschen aus dem Himmel in die Hostie, sondern Folge der Wesensverwandlung (*Transsubstantiation*) und als solche eine übernatürlich reale, sakramentale Gegenwart. Eine Gegenwart, der wir nur im Glauben gewahr zu werden vermögen und auf welche die adäquate Antwort der Akt der Anbetung ist.

Als die protestantische Bewegung im 16. Jahrhundert von dieser Mitte abzuweichen begann, ja Luther die Eucharistielehre des Thomas direkt als „Menschenfündlein" angriff, hat das Konzil von Trient in seiner Erklärung des Mysteriums der Eucharistie fast wörtlich auf Texte des Thomas zurückgegriffen.

In Folge der Gegenreformation gewann das Fronleichnamsfest eine zentrale Bedeutung im katholischen Kirchenjahr – und mit ihm die eucharistischen Dichtungen des Aquinaten. Dies zeigt sich nicht zuletzt an den zahlreichen Vertonungen dieser Texte, die zum Teil bis heute den Hörer zu fesseln vermögen. Ihre Strahlkraft erhalten sie freilich auch dadurch, daß sie musikalischer Reflex großartiger lyrischer Wortschöpfungen sind. So etwa die von dem französischen Komponisten César Franck (1822–1890) mit tiefer Empfindungskraft vertonte 6. Strophe des Hymnus *Sacris solemniis*, das *Panis Angelicus*:

„Das Brot der Engel wird nun auch der Menschen Brot;
Den bloßen Zeichen macht dies Himmelsbrot ein Ende;
O Wunder über alles: es genießt den Herrn
Sein armer Knecht in Demut hier."

Schließlich darf in unserem Zusammenhang ein Ereignis nicht unterschlagen werden, das sich später noch einmal in ähnlicher Weise wiederholen wird, und das in der Literatur über Thomas eine große Rolle spielt: Thomas hatte von seinen Pariser Kollegen eine Anfrage über die Art und Weise der Gegenwart Christi im Altarsakrament bekommen. Nachdem er seine Antwort schriftlich fixiert hatte, wagte er nicht, diese den Fragestellern zu unterbreiten, bevor er nicht „den um Rat gefragt hatte, über den die Frage ging". Thomas ging zum Altar, erhob seine Hände zum Gekreuzigten und betete: „Herr Jesus Christus, der du in diesem wunderbaren Sakrament wahrhaft erhalten bist und wie ein Künstler wunderbar Dinge bewirkst, in diesem Sakrament suche ich dich zu erfassen und wahrhaft zu lehren; ich bitte dich inständig, wenn das, was ich aus dir und über dich geschrieben habe, wahr ist, so gewähre mir, jenes zu sagen und offen zu erklären. Wenn ich aber etwas schreib, was nicht dem Glauben entspricht und den Geheimnissen dieses Sakramentes fremd ist, so verhindere, daß ich vorlege, was von dem katholischen Glauben abzuweichen scheint." Die Gefährten, die Thomas bei seinem Gebet beobachtet hatten, sagten später im Heiligsprechungsprozeß und gegenüber Tocco aus, sie hätten, als Thomas das Gebet beendet habe, Christus selbst vor Thomas stehen sehen und sagen hören: „Gut hast du über das Sakrament meines Leibes geschrieben …" (Tocco, Kap. 52).

Ein römisches Experiment macht Schule

Auf die Unzufriedenheit des Thomas mit den im Ordensstudium in Orvieto gebrauchten Handbüchern haben wir bereits hingewiesen. Daß diese Unzufriedenheit nicht etwa an den überzogenen Ansprüchen des gelehrten Magisters lag, zeigt eine Feststellung des Provinzkapitels vom 8. September 1265 in Anagni, an dem auch Thomas in seiner Eigenschaft als Generalprediger teilnahm: Ausdrücklich beklagt dieses den besorgniserregenden Zustand der Ausbildung in der römischen Provinz und beschließt die Gründung eines Studienhauses in Rom. Rom war damals eine Kleinstadt, die knapp 20.000 Einwohner hatte und vor allem von Klerikern und Pilgern bevölkert wurde. Auf einem der sieben Hügel Roms, auf dem Aventin, bei der antiken Basilika Santa Sabina, liegt einer der ältesten Konvente des Dominikanerordens, den noch Dominikus selbst vom Heiligen Stuhl geschenkt bekommen hatte.

Es ist nicht unwahrscheinlich, daß die Idee dieser Gründung eines Provinzstudiums auf eine Anregung des Thomas selbst zurückgeht. Torrell bezeichnet das Studium dort als *studium personale* (S. 183), d.h. es handelte sich um ein Experiment, in dem Thomas ohne einen Bakkalaureus oder Lektor, aber ausgestattet mit seiner vierjährigen Lehrerfahrung in Orvieto, das Studium ganz nach seinen Vorstellungen einrichten und organisieren konnte.

Thomas als Rektor eines studium personale

Nach dem, was wir bereits über Thomas wissen, wird es wenig verwundern, daß sich Thomas bei der Ausgestaltung des ihm anvertrauten Experimentes eng an dem orientiert, was er während seines eigenen Studiums kennenlernen konnte. Er versucht in Rom Formen des Pariser Studienbetriebes einzuführen. Daß dies natürlich nur in einem sehr kleinen Umfang möglich ist, versteht sich von selbst. Thomas hatte keinen Assistenten oder Lektor zur Verfügung, der ihn bei seinen Lehraufgaben hätte unterstützen können. Dennoch kann er in Eigenarbeit die wichtigsten Veranstaltungen eines solchen Lehrbetriebes durchführen: Zunächst kommentiert er wieder fortlaufend ein biblisches Buch. Auch hier wissen wir nicht, welches.

Täglich finden die ordentlichen Disputationen statt. Und hier sind wir sehr genau darüber unterrichtet, daß die uns unter dem Titel *De potentia* („Über die Macht") überkommene Disputationssammlung im ersten Jahr der römischen Lehrtätigkeit entstanden ist. Wie bei *De veritate* auch, handeln hier lediglich die ersten Quästionen über die Macht Gottes, die restlichen diskutieren vor allem die großen Themen der Trinitätslehre.

Auch von ***De potentia*** existiert keine deutsche Übersetzung. Wir übersetzen aus: THOMAS VON AQUIN, *Quaestiones disputatae de potentia,* hrsg. v. P. Bazzi, 1965 (Kurztitel = **Pot**).

In den ersten Fragen spielt die Lehre von der Schöpfung und deren philosophischen Implikaten eine große Rolle. Damit wird nicht nur ein ganz wesentlicher Zug im Denken des Thomas deutlich: Thomas ist – wie Chesterton schrieb – „durchglüht von dem Glanz des Wunders der geschaffenen Dinge wie von den Strahlen der Sonne" und man kann ihn daher völlig zurecht, nach Art des Karmeliterordens, als den „hl. Thomas vom Schöpfer" bezeichnen (Chesterton, S. 132).

Auch die großen Leitmotive des philosophischen Denkens des Aquinaten, das sehr eng mit der Schöpfungsidee zusammenhängt, finden sich in diesen Quaestionen in besonders klarer Form. Schöpfung bedeutet für Thomas die souveräne Hervorbringung eines Dinges aus dem Nichts. Sie ist als solche nicht ein einmal abgeschlossener Vorgang, sondern alles, was entsteht – eingeschlossen die Tätigkeit der Geschöpfe und deren Wirkung – muß vom Schöpfer als der ersten Ursache aller Dinge unmittelbar hervorgebracht werden. Damit dies überhaupt möglich ist, muß Gott absolut anfangslos sein, nicht einmal von dem Hauch eines Nichts berührt sein und folglich sein Sein selbst *(ipsum Esse subsi-*

stens) sein. Gott bringt die Dinge nicht nur aus dem Nichts hervor, er erhält sie auch kontinuierlich im Sein. Daraus begründet sich das vollständige Abhängigsein des Geschaffenen von seinem Schöpfer. Diese Abhängigkeit begründet jedoch keinen Knechtszustand. Gott bewegt jedes Geschöpf vielmehr gemäß der ihm eingeschaffenen Natur. „Zum Nichts zu streben, ist aber nicht die wesenseigene Bewegung der Natur; diese zielt vielmehr ständig auf das Gute, und das Streben ins Nichts ist nur ihr Versagen.“ (Pot 5,1 ad16) So erhält die Schöpfung durch ihre Unterordnung eine gewisse, freilich immer Teil eines übergeordneten Theozentrismus bleibende Autonomie.

Beginn der Summa theologiae

Auch daß Thomas die in den kleineren Studienhäusern seines Ordens gebräuchlichen Handbücher bei seinem römischen Experiment nicht eingesetzt hat, wird nach dem bereits dazu Gesagten kaum verwundern. Statt dessen hat er, vermutlich ebenfalls in der Zeit von 1265 bis 1266, wieder die Sentenzen des Petrus Lombardus kommentiert. Dabei benutzt Thomas natürlich seine bereits in Paris gemachten Aufzeichnungen, freilich nicht ohne diese zu überarbeiten (Torrell, S. 66–68). Aber auch diese Revision seines Sentenzenkommentars scheint Thomas nicht zufriedenzustellen, so daß er beginnt, ein eigenes Lehrbuch abzufassen; freilich wohl ohne zu ahnen, daß er ein Buch schaffen wird, das über Jahrhunderte hinweg als das Lehrbuch der Theologie schlechthin gelten wird: die *Summa theologiae.*

Die Zahl der klassischen Kommentare und neuerer Forschungsarbeiten zu diesem Buch ist groß, die Darstellung des Diskussionsstandes würde ein eigenes Buch füllen. Wir beschränken uns hier auf die Basisinformationen zur *Summa theologiae,* deren Inhalt die Darlegung der Theologie des Thomas im zweiten Teil des Buches prägen wird. Deren Vorgeschichte

Seit dem Jahr 1933 arbeiten die Herausgeber der sogenannten Deutschen Thomas-Ausgabe an der Übersetzung und Kommentierung der **Summa theologiae.** Von der auf 37 Bände angelegten Aus-

und auch die Frage, wie Thomas selbst sein Werk versteht, erschließt sich gut im Prolog, den er seiner Summae vorangestellt hat.
Beim Hören der ersten Worte meinen wir seine jungen Hörer in Rom vor uns sehen: „Der Lehrer der katholischen Wahrheit hat nicht nur die Aufgabe, die Fortgeschrittenen tiefer in die Wissenschaft einzuführen; er soll sich … auch dem Unterricht der Anfänger widmen. Darum wollen wir in diesem Werke den Inhalt der christlichen Religion so darstellen, daß auch Anfänger folgen können."
Im Folgenden werden dann die Erfahrungen, die Thomas in Orvieto mit den dort benutzten Handbüchern, wohl aber auch bei der Kommentierung der Sentenzen gemacht hat, deutlich: „Wem nämlich dieser Stoff noch neu ist, der wird bei seinem Studium durch die Eigenart der vorhandenen Lehrbücher eher gehemmt als gefördert. Nutzlose Fragen, Artikel, Beweisführungen häufen sich; man bietet den Lehrstoff nicht in planvoller Ordnung, sondern wie es die Erklärung des jeweiligen Textes verlangt oder wo sich gerade Gelegenheit zu einer Auseinandersetzung zeigt. Bei solchem Vorgehen sind häufige Wiederholungen und damit für den Hörer Unklarheit und Überdruß unvermeidlich." Genau hier Abhilfe zu leisten ist die Absicht dieses Werkes: „Wir werden derartige Fehler zu vermeiden suchen und wollen mit Gottes Beistand den Inhalt der hl. Lehre so kurz und so klar vorlegen, wie es der Gegenstand erlaubt."
Die genaue, planvolle Ordnung, die Thomas seiner Summe zugrundelegt, entwirft er dann bereits im Prolog zur 2. Quaestion, im Anschluß seiner Bestimmung, was Theologie überhaupt ist: „Die Hauptaufgabe dieser hl. Lehre liegt also darin, uns Gott erkennen zu lassen, nicht nur wie er in sich ist, sondern auch soweit er Ursprung und Ziel der Dinge und im besonderen der vernünftigen Geschöpfe ist. Wir handeln also: 1. über Gott; 2. über die Bewegung der vernünftigen Schöpfung zu Gott hin; 3. über Christus, der als Mensch für uns der Weg zu Gott ist" (Sth Ia q.2 prol.).

gabe sind bisher 30 erscheinen: THOMAS VON AQUIN, *Summa theologica. Die Deutsche Thomas-Ausgabe. Vollständige, ungekürzte deutsch-lateinische Ausgabe der Summa Theologica.* Übersetzt von Dominikanern und Benediktinern Deutschlands und Österreichs, Graz u.a. 1933 ff. (Kurztitel = **Sth**).

Ganz entsprechend dieser hier gegebenen Aufteilung des Stoffes gliedert sich die *Summa theologiae* denn auch in drei Teile: *Die Prima* (Ia), die Thomas noch in Rom fertigstellen kann. Die *Secunda,* die noch einmal in zwei Unterabteilungen aufgeteilt wird (Ia-IIae und IIa-IIae) und die *Tertia* (IIIa). Der I. Teil handelt von Gott als Ursprung, zunächst von Gott dem Einen und Dreieinen, dann von Gott dem Schöpfer. Der II. Teil handelt über Gott als letztes Ziel des Menschen, in seinem ersten Abschnitt über die Voraussetzungen des Pilgerwegs des Menschen zu Gott: Über das letzte Ziel, die menschlichen Akte (Gesetz, Freiheit, Gewissen) und die Gnade, im zweiten Abschnitt über die Tugenden, den diesen entgegenstehenden Lastern und entsprechenden Gaben des Heiligen Geistes. Der III. Teil handelt über Christus als dem Weg zum letzten Ziel: Über den Wandel Christi auf Erden und die Sakramente. Abgeschlossen werden sollte er mit dem Traktat über die Vollendung des Menschen in Christus. Doch der Tod nahm Thomas die Feder zuvor aus der Hand, so daß das Werk unvollendet blieb.

Die jeweiligen Teile bestehen aus einzelnen Quaestionen (q.), die sich noch einmal in Artikeln, die jeweils eine Frage behandeln, entfalten (a.). Jeder dieser Einzelartikel – die Summa umfaßt insgesamt 2669 Artikel in 512 Quaestionen – ist noch einmal nach einer feststehenden Struktur, die den Ablauf der Disputationen spiegelt, aufgebaut: Zunächst werden mögliche Einwände gegen die vom Autor vertretene These aufgeführt *(objectiones);* dann ein *Sed-Contra-* oder Andererseits-Argument, das eine den vorangehenden Argumenten meist widersprechende These bringt. Darauf folgt die *responsio,* d. h. die Antwort des Thomas auf die eingangs gestellte Frage. Auf sie folgt eine Diskussion der *objectiones,* die den in der Antwort entworfenen Gedanken zusätzlich präzisiert.

Was hier vielleicht etwas technisch und formalistisch klingt, ist doch – abgesehen davon, daß Thomas sich hier einfach scholastischem Brauch fügt – Ausdruck einer Theologie, die nicht abgeschlossen für sich denkt, sondern ihre Thesen in

einem steten, bei Thomas zudem noch sehr fairen Dialog mit den großen Theologen der Vorzeit und Gegenwart entwickelt.
Das Ganze jedoch ist beseelt von einem übermächtigen, alle einzelnen Artikel durchdringenden Gesamtgedanken, der weit über allgemeinscholastische Vorgaben hinausgeht: Thomas stellt Gott ganz in den Mittelpunkt seiner Überlegungen. Gott in sich betrachtet, als Ursprung, als Ziel und als Erlöser. Alles sieht er von ihm in einem „gleichsam goldenen Kreis" (Johannes a S. Thoma) ausgehen und zu ihm zurückkehren.

Der 1589 als Jean Poinset in Portugal geborene Dominikaner **Johannes a S. Thomas** († 1644) gilt als einer der einflußreichsten Vertreter der neuzeitlichen Thomistenschule. Viele Jahre war er als Theologieprofessor in Alcalá (Spanien) tätig; von 1642–44 Berater und Beichtvater von König Philipp IV. von Spanien.

Verlockende Angebote

Thomas arbeitet in Rom jedoch nicht nur an der Prima seiner theologischen Summe, die er bis zum September 1268 fertigstellen kann, von Orvieto hat er auch die angefangene *Catena aurea* mitgebracht. Dem ursprünglichen Auftraggeber des Werkes ist nun ein neuer Papst, Clemens IV., nachgefolgt. Auch dieser spielt im Leben des Thomas eine eigentümliche Rolle. Er bot Thomas im Dezember 1268 – wohl nicht nur aus Respekt vor dem jungen Gelehrten, sondern auch aus machtpolitischem Kalkül – das mit reichen Pfründen verbundene Amt eines Erzbischofs von Neapel an. Thomas jedoch „wollte diese Würde nicht annehmen und bat demütig, der Papst möge ihn fernerhin nicht zu Höherem ernennen" (Tocco, Kap. 42). Hier zeigt sich ein Charakterzug des Aquinaten, der uns bereits bei der Darstellung seines Verhaltens gegenüber den ehrgeizigen Plänen seiner Eltern begegnet ist und den zahlreiche Anekdoten aus seinem Leben belegen. Tocco berichtet von einem Ereignis, das erst in die Zeit seines zweiten Pariser Lehraufenthaltes zu datieren ist, das wir aber bereits hier erwähnen: Thomas hatte mit seinen Studenten eine Wanderung von Paris zur Abtei Saint-Denis gemacht, um dort den Reliquien des hl. Dionysius Areopagita und den Mönchen der Abtei einen

Besuch abzustatten. Als die Wanderer auf dem Nachhauseweg wieder Paris vor sich sehen, ruft einer der Studenten Thomas zu „Meister, seht ihr, wie schön die Stadt Paris ist? Möchtet Ihr nicht Herr dieser Stadt sein?“ Thomas darauf: „Lieber wollte ich die Predigten des Johannes Chrysostomus über das Evangelium des heiligen Matthäus haben. Die Stadt würde ja, wenn sie mein wäre, wegen der Sorge um die Regierung die Betrachtung des Göttlichen rauben und die Tröstung der Seele behindern. Denn je mehr jemand von der Liebe zum Zeitlichen bedrängt wird, um so gefährlicher wird er vom Himmlischen getrennt“ (Tocco, Kap. 43).

Der ständige Begleiter und teure Sohn des Thomas

Noch ein weiteres theologisches Werk, das häufig im Schatten der beiden großen Summen weniger Beachtung findet, beginnt Thomas in Rom: das *Compendium theologiae* oder den „Grundriß der Glaubenslehre“. Es besticht durch seine Kürze, Einfachheit und spirituelle Tiefe und eignet sich besonders für einen ersten Einstieg in die Originalschriften des Aquinaten. Das mit dem *Compendium* umgesetzte Vorhaben, einen kurzgefaßten, allgemeinverständlichen Grundriß der christlichen Religion zu geben, wird im Prolog kunstvoll mit der freiwilligen Erniedrigung Gottes in der Menschwerdung in Zusammenhang gebracht: „Des ewigen Vaters Wort, das in seiner Unermeßlichkeit alles umfaßt, wollte, um den durch die Sünde erniedrigten Menschen zur Höhe der göttlichen Herrlichkeit zurückzurufen, ‚kurz‘ werden, indem es unsere ‚Kürze annahm‘, ohne seine Erhabenheit abzulegen. Und damit von der Annahme der Lehre des himmlischen Wortes keiner entschuldbar würde, faßte Es, was Es für die Forschenden ausführlich und lichtvoll durch die verschiedenen Bücher der heiligen Schrift überliefert hatte, wegen der anderweitig Beschäftigten unter einem kurzen

Neueste Übersetzung: THOMAS VON AQUIN, *Compendium Theologiae. Grundriß der Glaubenslehre.* Deutsch-Lateinisch. Übersetzt von Hans Louis Fäh. Herausgegeben von Rudolf Tannhof, 1963 (Kurztitel = **Comp**).

Abriß des menschlichen Heils zusammen" (Comp I,1). Der letzte Absatz des Prologs richtet unsere Aufmerksamkeit auf eine Person, die im Leben des Aquinaten seit seinem ersten Parisaufenthalt eine wichtige Rolle spielte. Thomas widmet sein Buch dem „teuren Sohn Reginaldus". Gemeint ist sein Ordensbruder Reginaldus von Piperno, der offensichtlich wesentlich jünger als Thomas selbst und von 1259 an bis zum Tod des Thomas sein ständiger Begleiter und Gehilfe *(socius continuus)* war. Der *socius* hatte, ähnlich einem heutigen Privatsekretär, die Aufgabe, den Theologiedozenten des Ordens in allen Belangen zur Seite zu stehen. Aufgrund der bereits erwähnten besonderen Beanspruchung, die je mehr sie anwuchs, auch das Interesse des Thomas an zeitlichen und alltäglichen Belangen zurückgehen ließ, übte Reginald, wie er nach dem Tod des Thomas selbst sagte, bei jenem „gewissermaßen das Amt der Amme" (Tocco, Kap. 63) aus. Das heißt, er kümmerte sich etwa darum, daß Thomas das Essen nicht vergaß oder aufgrund seiner Versenkung in geistige Inhalte Dinge tat, die seiner körperlichen Gesundheit abträglich sein könnten. Daß gegenseitige Hochachtung und Fürsorge die Freundschaft der beiden auszeichneten, zeigt eine Wundergeschichte, die Tocco im Heiligsprechungsprozeß erzählte: „Als der Gefährte des Bruders Thomas, Reginald, an einem dauernden Fieber erkrankte, legte Bruder Thomas Reliquien der hl. Agnes, die er aus Verehrung an seinem Halse trug, auf die Brust des Kranken, indem er zur hl. Agnes betete, und sogleich wurde er geheilt" (Eckert, S. 215). Obgleich Reginald immer im Schatten des großen Meisters stand, wird man doch sagen müssen, daß er der wichtigste Vertraute des Aquinaten war, ohne den dieser kaum „alles, was er geleistet hat, hätte erreichen können und vielleicht nicht einmal der gewesen wäre, der er war" (Torrell, S. 215).

Wir hatten bereits erwähnt, daß daher seine Erinnerungen an die gemeinsame Zeit mit Thomas für Tocco und damit auch im Heiligsprechungsprozeß eine wichtige Quelle waren.

Eine dieser Erinnerungen geht auf die gemeinsame Zeit in Rom zurück. Selbstverständlich hat auch hier Thomas, getreu seinem Ordensideal, gepredigt. Auch hier unter großem Zulauf der Gläubigen, die bei der Schilderung des Leidens Christi „zu Tränen gerührt waren". Nicht mehr klar ist, ob sich das im Zusammenhang mit einer Predigtreihe zur Karwoche stehende Geschehen in St. Peter oder der Basilika S. Maria Maggiore ereignet haben soll. Von dem Ereignis selbst jedoch berichten neben Reginaldus mehrere Zeugen: Als Thomas „nach der Predigt von der Kanzel herabgestiegen war, da berührte eine Frau, die seit langer Zeit am Blutfluß litt, ohne daß irgendein Heilmittel ihr half, den Saum am Umhang des heiligen Lehrers und fühlte sich sogleich von ihrer Krankheit befreit" (Tocco, Kap. 53).

Thomas kommentiert Aristoteles

Die sehr aufschlußreichen Prologe der Aristoteleskommentare liegen in deutscher Übersetzung vor: THOMAS VON AQUIN, *Prologe zu den Aristoteleskommentaren.* Herausgegeben, übersetzt und eingeleitet von Francis Cheneval und Ruedi Imbach, 1993.

Bereits eingangs wurde über den Einfluß des durch seine Zeit neuentdeckten Aristoteles auf Thomas gesprochen. Das Interesse des Thomas ist nicht nur in seinen bisherigen Werken durchgehend greifbar, es wird noch deutlicher in einer Reihe von Kommentaren zu Büchern des Aristoteles, unter denen der erste am Ende des Romaufenthaltes des Thomas zwischen Ende 1267 und Sommer 1268 entstanden ist. Es stellt sich natürlich die Frage: Warum beginnt Thomas mitten in der vielen anderen übrigen Arbeit, die ihn ohnehin in jener Zeit in Anspruch nimmt, auch noch einen zeitaufwendigen Kommentar zu den drei Büchern des Aristoteles über die Seele, *De anima,* die ihm in der neuen lateinischen Übersetzung durch Wilhelm von Moerbeke zugänglich sind, zu verfassen? Wir wissen nichts davon, daß ihn jemand um diese Arbeit gebeten hätte, auch Vorlesungen zu Aristoteles hat Thomas nie gehalten. Die Gründe müssen also woanders liegen. Der Herausgeber des Textes in der *Editio Leonina,* Pater Gauthier, hat hier sehr einleuchtende Gründe gefunden: Die Zeit der Arbeit am Kommentar *De anima* fällt genau mit der Zeit der Ab-

RENÉ-ANTOINE GAUTHIER, *Quelques questions a propos du commentaire de S. Thomas sur le «De anima»,* in: *Angelicum* 51 (1974) S. 419–472.

fassungen jener Quaestionen in der *Summa theologiae* zusammen, die in der Schöpfungslehre von der menschlichen Seele (Sth Ia qq. 75–89) handeln. In diesem Zusammenhang war es Thomas offensichtlich sehr daran gelegen, freilich auch gelockt durch die neue, gute Übersetzung des Wilhelm, seine theologischen Spekulationen durch aristotelische Gedanken zu verfeinern. Ähnlich wird er später die Ethik des Aristoteles genau in jenem Zeitraum kommentieren, in dem er die *Secunda* seiner Summa schreibt. Aristoteles wird also niemals zum Selbstzweck oder gar aus Liebe zur Philologie studiert. Er ist nur ein wichtiges Werkzeug, das der Theologe für sein eigentliches Handwerk benötig, das wiederum in den Diensten des Apostolates steht (Torrell, S. 190; Weisheipl, S. 259). Damit wird hier nicht nur der Umgang des Thomas mit Aristoteles deutlich. Zugleich stellt sich auch die Frage, ob man Thomas überhaupt als Philosophen bezeichnen kann, wie dies besonders in der Neuscholastik allgemein üblich war. Ohne auf die Feinheiten der Diskussion einzugehen, die bis zur Stunde unter Thomasforschern und Thomisten geführt wird, läßt sich doch sagen, daß es heute allgemeine Überzeugung ist, daß Thomas „primär Theologe ist, und nur *occasionaliter,* gelegentlich, Philosoph, nämlich dann, wenn er im Dienste der *sacra doctrina* philosophische Vorerklärungen gebraucht" (Chenu, S. 79). Daß sich durch diese Inanspruchnahme philosophischen Denkens durch den Theologen, unter der Leitung der Offenbarung, zudem eine ganz eigene Philosophie entwickelt hat, die man später durchaus legitim separat von der Theologie darzustellen bemüht war, darf dabei jedoch nicht übersehen werden. Auch die neuere Literatur hält eine ganze Reihe solcher Darstellungen der Philosophie des Aquinaten bereit (siehe Lesetips am Ende des Buches).

Schaffenshöhepunkt

Nach Abschluß und Veröffentlichung des Kommentars zu *De anima* erhält Thomas vom Generalminister seines Ordens im Sommer 1268 zum zweiten Mal die Anweisung, sich von Italien nach Paris zu begeben, um dort den Lehrstuhl der Theologie für ausländische Theologiestudenten zu übernehmen. Und Thomas – der sich in seiner letzten Schrift, auf die wir noch zu sprechen kommen werden, selbst als „gehorsamen Sohn“ bezeichnet – macht sich auf die Reise. Zwei Ereignisse sind uns von jener Reise überliefert, die uns zugleich ihre grobe Rekonstruktion erlauben.

Über die **Reisen des Thomas** informiert Angelus Walz, *Wege des Aquinaten*, in: *Historisches Jahrbuch* 77 (1958) S. 221–228.

Zwei Ereignisse auf der Reise nach Paris

Das erste dieser Ereignisse soll sich im Schloß La Molara, das an der Via Latina bei Grottaferrata in der Provinz Rom liegt, zugetragen haben und es wird uns berichtet von Bartholomäus von Capua, der darüber anläßlich des Heiligsprechungsprozesses des Thomas aussagte: Auf Einladung des Kardinals Richard von Annibaldis kehrte Thomas auf dessen Schloß ein. Zu Gast waren ebenfalls zwei römische Juden, vornehm und sehr gelehrt. Der Kardinal bat nun Thomas um ein Gespräch mit ihnen. Da auch die beiden römischen Gäste von der Idee des Gastgebers nicht abgeneigt waren, zogen sie sich mit Thomas zwei Abende lang in die Burgkapelle zurück. Am zweiten Abend wurde dem Kardinal berichtet, Thomas und die Juden sängen gemeinsam in der Kapelle das *Te Deum*. Trotz seiner schweren Gicht, unter der der Kirchenfürst litt, eilte er mit seinen Kaplänen und Bediensteten zur Kapelle „und sie alle, Thomas, die Juden, der Kardinal und seine Begleitung, fuhren fort, miteinander das *Te Deum* zu Ende zu singen. Dann wurden die Juden getauft … Die Juden ihrerseits sagten dem Kardinal, daß, sobald sie mit Thomas die Kapelle betreten und ihn hatten sprechen hören, sie sich innerlich verwandelt fühlten, so daß sie nur mit Mühe Einwände gegen seine Beweise hätten vorbringen können" (Eckert, S. 241). Angesichts dieser Geschichte die fehlende Sensibilität der Beteiligten gegenüber dem Judentum zu beklagen, wäre natürlich anachronistisch. Dennoch läßt sie für uns die Frage nach der Einstellung des Thomas zum Judentum aufkommen. Von besonderem Interesse ist hier ein Brief an die Gräfin von Flandern *(Epistula ad ducissimam Brabantiae),* den Thomas während seines zweiten Pariser Lehraufenthaltes, wohl auf deren Anfrage hin, an Margarethe von Konstantinopel schrieb. Einige Abschnitte darin handeln auch von der Frage, wie die Regierung der Juden zu gestalten ist, so daß der Brief auch unter dem Titel *De regimine Iudaeorum* bekannt ist. Ähnlich wie in naturwissenschaftlichen Fragen ist Thomas bei seiner sehr kurz und oberflächlich gehaltenen Antwort wenig originell. Er gibt einfach die offiziellen Vorstellungen seiner Zeit wieder. So wiederholt er etwa die vom Vierten Laterankonzil erlassene Vorschrift, daß Juden durch den Judenhut in der Öffentlichkeit kenntlich sein müssen. Dennoch ist ein über die Klischees seiner Zeit hinausgehender Fanatismus bei Thomas nicht festzustellen. Er fordert eine zurückhaltende Behandlung der Juden und, sollten sie Wucher treiben, eine Gleichbehandlung mit anderen Wucherern (Torrell, S. 234).

Da die Zeit eilte und Thomas wohl zu Beginn des neuen Studienjahres in Paris sein wollte, machten sich er und seine Begleiter, nachdem sie La Molara verlassen hatten, nach Civitavecchia, einem alten Hafenort am Tyrrhenischen Meer, auf den Weg, wo sie ein Schiff ins französische Aigues-Mortes bestiegen. Auf dieser Schiffsreise hat es nach Tocco einen heftigen Sturm mit einem schrecklichen Gewitter gegeben. Während selbst die erfahrenen Seeleute in Panik verfielen und den Tod fürchteten, soll sich Thomas nur bekreuzigt haben, sonst aber ganz ruhig und gelassen geblieben sein. Das Ereignis erzählt Tocco, um dem Leser seine zuvor gegebene Charakterisierung der natürlichen Anlagen des Lehrers anschaulich zu machen. Wir geben auch diese hier wieder, denn sie läßt uns Thomas sehr menschlich vor Augen treten: „Von der natürlichen Körperbeschaffenheit des Lehrers berichtet man, daß er, wie im Geiste, auch im Körper groß war; er war von hochgewachsener und aufrechter Gestalt, die der Aufrechtheit seiner Seele entsprach. Sein Haupt war groß ... Er war ein wenig kahl. In seinem Fleische war er von der zartesten Beschaffenheit ..." (Tocco, Kap. 38).

Ein harmoniebedürftiger Mann und der theologische Mainstream

Thomas kommt vermutlich zu Beginn des neuen Studienjahres, das heißt im Herbst 1268, in Paris an. Natürlich stellt sich spätestens jetzt die Frage: Warum soll Thomas, entgegen der Ordensstrategie, derentwegen er nicht ganz zehn Jahre zuvor von Paris abberufen wurde, nun wieder in Paris lehren?
Als Ursachen sind hier die sich wieder zuspitzende Bedrängung der Bettelorden durch den Weltklerus sowie die Streitigkeiten über die Rolle der aristotelischen Philosophie in der Theologie, bei der auch die beiden Bettelorden der Franziskaner und Dominikaner untereinander uneins waren, anzunehmen. Offensichtlich wollte man in Paris einen Magister, der in beiden Fragen bewandert war.
So beschäftigt sich auch das erste in Paris fertiggestellte Werk des Thomas mit einem im Mittelpunkt der damaligen Spannungen stehenden Thema, der Möglichkeit der Ewigkeit der Welt: *De aeternitate mundi.* Durch die Aristotelesrezeption wurde die Frage nach der Ewigkeit der Welt zu einer der am meisten diskutierten Fragen im Grenzbereich von Vernunft und Glaube, Philosophie und Theologie. Die allgemeine Ansicht der Theologen des 13. Jahrhunderts, unter denen die häufig Thomas gegenüber gestellten Franziskaner Bonaventura und Johannes Pecham als sehr bekannte Vertreter gelten, ging dahin, daß die von Aristoteles angenommene Ewigkeit der Welt schlechthin eine Denkunmöglichkeit sei. Daher könne man bereits auf rein philosophischem Weg, d. h. durch beweisen-

de Vernunftargumente zeigen, daß die Welt einen Anfang haben muß. (Schlosser, S. 80–82) Schon im Sentenzenkommentar, später auch in seinen *Quaestiones de potentia,* der *Summa contra Gentiles* und der theologischen Summe, vertritt Thomas in diesem Punkt eine völlig andere Position als der theologische *mainstream* seiner Zeit. Paradoxerweise traut sie der Vernunft des Menschen lange nicht so viel zu, wie jene, die seine franziskanischen Mitbrüder so energisch verteidigen. Nach Thomas ist es unmöglich, auf rein rationalem Weg nachzuweisen, daß die Welt einen Anfang haben muß. Allein Offenbarung und Glaube können uns letztlich dazu bringen, daß wir mit der dem Glauben eigentümlichen Gewißheit an einem solchen Anfang der Welt festhalten.

Interessant ist in diesem Zusammenhang eine Begegnung des Thomas mit Johannes Pecham, von der uns wieder Bartholomäus von Capua berichtet: „Als Bruder Thomas einmal eine wissenschaftliche Erörterung in Paris abhielt, war dort Bruder Johannes Pecham aus dem Orden der Minderbüder, der spätere Erzbischof von Canterbury; und wie sehr dieser Bruder Johannes auch Bruder Thomas mit hochfahrenden und aufgebrachten Worten angriff, so habe Bruder Thomas dennoch seine demütigen Worte nicht zurückgenommen, sondern ihm stets mit Freundlichkeit und Menschlichkeit geantwortet. So machte es Bruder Thomas in jeder wissenschaftlichen Erörterung, wie scharfsinnig und geschickt sie auch sein mochte" (Eckert, S. 229). Hier wird ein Charakterzug des Thomas deutlich, von dem uns alle seine frühen Biographen übereinstimmend berichten. So unerbittlich in der Sache und so polemisch er gelegentlich in seinen Schriften sein konnte, in der persönliche Begegnung muß er ein sehr harmoniebedürftiger, den Frieden liebender Mann gewesen sein. Martin Grabmann hat darauf aufmerksam gemacht, daß dieser Friede nach Thomas nicht nur eine Frucht der Gottes- und Nächstenliebe in der Wahrheit ist, sondern auch mit dem ununterbrochenen, seine gesamte Denkform als Urleitmotiv prägenden Streben nach weisheitsvoller Ordnung aufs engste zusammenhängt.

MARTIN GRABMANN, *Das Seelenleben des heiligen Thomas von Aquin,* 2. Aufl. 1949, S. 80–106.

Thomas und Johannes der Theologe

Neben der Verteidigung des Bettelordensideals, die sich in jener Zeit in den zwei Schriften *De perfectione spiritualis vitae* und *Contra doctrinam retrahentium a religione* niederschlägt, sowie der Bestreitung theologischer Kontroversen, hatte Thomas natürlich auch seinen üblichen Lehrverpflichtungen als fungierender Magister nachzukommen. Das heißt, er hatte wieder kursorisch jeweils ein Buch der Heiligen Schrift zu kommentieren und regelmäßig Disputationen abzuhalten. Bezüglich der Bibelkommentierung sind wir in der glücklichen Lage, daß wir die Vorlesungen über das Matthäusevangelium *(Lectura super Matthaeum:* 1269–1270) und das Johannesevangelium *(Lectura super Ioannem:* 1270–1272) mit großer Wahrscheinlichkeit in die Zeit des zweiten Pariser Lehraufenthaltes datieren können.

Nur Teile liegen in deutscher Übersetzung vor: THOMAS VON AQUIN, *Der Prolog des Johannes-Evangeliums (caput I, lectio I-XI).* Einführung und Erläuterungen von Wolf-Ulrich Klünker, 1986.

Wie die Handschriften zeigen, hat der treue Reginaldus die Vorlesungen über das Johannesevangelium aufgeschrieben und auch, legitimiert durch Thomas und unter Zuhilfenahme der *Catena,* überarbeitet. Der Kommentar zum Johannesevangelium übertrifft jenen über das Matthäusevangelium nicht nur an Umfang. Es handelt sich bei der in Paris gegebenen Auslegung des Johannesevangeliums sicher auch um einen der spekulativ vollendetsten und spirituell am tiefsten schürfenden Schriftkommentare des Thomas überhaupt. Thomas ist sich selbst des besonderen Stellenwertes, den das Johannesevangelium unter den vier Evangelien einnimmt, bewußt. Im Prolog seines Kommentars weist er ausdrücklich darauf hin, daß, während die ersten drei Evangelisten zuerst das Geheimnis des Menschseins Jesu betrachten, Johannes ganz vom Mysterium der Gottheit Christi ausgeht. Wir werden im zweiten Teil noch sehen, wie nahe er mit dieser Option der Christologie des Thomas selbst kommt. Auch bezüglich der Unzulänglichkeit der theologischen Rede von Gott und des Sinnes für das Geheimnis weiß sich Thomas mit Johannes, den man in der Ostkirche auch mit dem Beinamen „der Theologe“ ehrt, einig. Ganz am Ende seines Kommentars schreibt er: „Die unendlichen Worte der Menschen erreichen das einzige Wort Gottes nicht, seit Anfang der Kirche wurde über Christus geschrieben, aber nicht erschöpfend. Auch wenn die Welt hunderttausend Jahre alt werden sollte, die Schriften über Christus könnten dessen Taten und Worte nicht vollkommen ergründen."

Über das Böse, die Prälaten und die Theologen

Ähnlich wie bei den Bibelkommentaren bereitet auch die Datierung der *Quaestiones disputatae* große Schwierigkeiten (Torrell, S. 215–221). Vielfach ist man nach wie vor auf Vermutungen angewiesen. – Vermutlich in der Zeit zwischen 1269 und 1271 wurden die unter dem Titel *De malo* bekannten Quaestionen disputiert: Sie fragen nach dem Wesen der Erbsünde sowie der läßlichen Sünden und ihrer Strafe, nach den Ursachen der Sünde überhaupt, sie behandeln die Laster und die Existenz sowie das Wesen des Teufels, diskutieren aber auch den Zusammenhang zwischen menschlicher Wahl und Freiheit.

Wir übersetzen im folgenden aus: Thomas von Aquin, *Quaestiones disputatae,* Bd. II, hrsg. v. P. Bazzi, 1965.

Die in *De malo* zusammengefaßten Quaestionen sind Ergebnis der nahezu täglich stattfindenden Disputationen; daneben gab es, wie bereits erwähnt, auch die außergewöhnlichen Disputationen *(de quolibet)*. Aus dem letzten Parisaufenthalt des Thomas sind uns zahlreiche solcher *Quodlibeta* erhalten. Eine davon soll hier ausdrücklich Erwähnung finden, da sie in der jüngeren Theologiegeschichte für eine bislang nicht ausgestandene Kontroverse gesorgt hat. Im *Quodlibet* III (q.4 a.1) vergleicht Thomas das Lehramt der Bischöfe *(cathedra magistralis)* mit dem der Theologielehrenden *(cathedra pontificalis),* wobei er eine sehr hohe Einschätzung seines eigenen Amtes an den Tag legt. Im letzten Drittel des 20. Jahrhunderts haben nun einige Theologen, unter Berufung auf die genannte Stelle aus Thomas, die These vertreten, das Lehramt der Universitätsprofessoren sei jenem des Papstes, als dem Bi-

Im folgenden übersetzen wir nach: Thomas von Aquin, *Quaestiones quodlibetales,* hrsg. v. Raimondo M. Spiazzi (Ed. Marietti), 1956 (Kurztitel = **Quodl.**).

schof von Rom, in Fragen der Lehre kollegial gleichgestellt. Nicht nur, daß Thomasforscher wie Torrell in diesem Umgang mit Thomas einen unverzeihlichen Anachronismus und ein Mißverstehen des Originaltextes sehen (Torrell S. 226). Auch die Glaubenskongregation hat dazu innerhalb ihrer Instruktion *Donum veritatis* vom 24. Mai 1990, über die kirchliche Berufung des Theologen, Stellung genommen: „Der Gedanke eines ‚parallelen Lehramtes' der Theologen, das dem Lehramt der Hirten entgegensteht und sich mit ihm streitet, stützt sich auf gewisse Texte, wo der heilige Thomas von Aquin zwischen ‚magisterium cathedrae pastoralis' und ‚magisterium cathedrae magisterialis' unterscheidet *(Contra impugnantes,* 2; Quodl. III, 4, 1). Diese Stellen bieten wirklich kein Fundament für diese Meinung, weil der heilige Thomas ganz davon überzeugt ist, daß das Recht, in Sachen der Lehre zu urteilen, einzig dem ‚officium praelationis' zukommt."

Instruktion *Donum veritatis* zitiert nach: HEINRICH DENZINGER, *Kompendium der Glaubensbekenntnisse und kirchlichen Lehrentscheidungen.* Verbessert, erweitert, ins Deutsche übertragen und unter Mitarbeit von Helmut Hoping, hrsg. v. Peter Hünermann, 37. Aufl. 1991, Nr. 4884 (Kurztitel = **DH**).

Neben den regulären Verpflichtungen und kleineren Auftragsarbeiten, wie etwa dem bereits erwähnten Schreiben an die Gräfin von Brabant, arbeitet Thomas natürlich auch noch an seiner *Summa theologiae* weiter: die ganze *Secunda* und einige Artikel der *Tertia* sind in Paris entstanden. Zugleich kommentiert er vollständig die aristotelischen Werke *Peri Hermeneias (Expositio libri Peryermeneias), Analytica Posterioria (Expositio libri Posteriorum),* Ethik *(Sententia libri Ethicorum),* Physik *(Sententia super Physicam)* und Metaphysik *(Sententia super Metaphysicam).* Wir haben es also mit einer unglaublich umfangreichen, weder zuvor noch nach dem letzten Parisaufenthalt erreichten literarischen Produktion zu tun. Sie war nur möglich, wenn man annimmt, daß Thomas zusammen mit Reginald und seinen Sekretären praktisch rund um die Uhr arbeitete. Bestätigt wird diese Annahme von einem Ereignis, das Tocco von einem der Sekretäre erfahren hat: Nachdem Thomas „ihm und zwei anderen Schreibern, die er beschäftigte, diktiert hatte, legte sich der Doktor, ermüdet von der Arbeit des Diktierens, zur Ruhe, um zu unterbrechen, diktierte aber auch noch schlafend weiter" (Tocco, Kap. 17). Möglich war dies auch nur durch die Fähigkeit des Thomas sich ganz in die behandelte Sache selbst zu versenken. Ein auch von der bildenden Kunst gerne dargestelltes Ereignis aus der Zeit, in der er an der *Summa theologiae* arbeitete, macht dies sehr schön deutlich: Thomas erhielt in jener Zeit eine Einladung des Königs Ludwig von Frankreich; er jedoch ließ sich im Hinblick auf seine anderweitige Beanspruchung entschuldigen, wofür ein König – selbst wenn er später einmal heiliggesprochen wird – natürlich wenig Verständnis hat. „Als das Gebot des Königs und die Aufforderung des Priors bewirkten, daß der Meister sich aus den Höhen geistiger Schau demütig vor dem ausdrücklichen Gebot von König und Prior verneigte und seine Wissenschaft verließ, ging er mit jener Vorstellung, die er, als er noch in der Zelle war, gefaßt hatte, zum König. Und während er neben ihm an der Tafel saß, schlug er plötzlich, von der Wahrheit des Glaubens angehaucht, auf den Tisch und sagte: ‚Eben habe ich einen guten Schluß gegen die Irrlehre der Manichäer.' Der Prior rührte ihn an und sprach: ‚Merkt auf, Meister, daß ihr jetzt am Tische des Königs von Frankreich seid.' Und er zog ihn kräftig am Umhang, damit er, der von den Sinnen entrückt war, erwache" (Tocco, Kap. 43). Thomas, auch geistig wieder an der Tafel, entschuldigte sich daraufhin beim König.

Trotz des fast übermenschlichen Arbeitspensums hatte Thomas offensichtlich dennoch Zeit für persönliche Freundschaften und die Sorge um seinen Schülerkreis. Einer seiner Freunde, es waren fast ausschließlich Italiener, der Dominikaner Romanus Rossi Orsini, der von 1270 zwei Jahre lang sein Sentenzenbakkalaureus gewesen ist, folgt Thomas, nachdem dieser in der Osterzeit 1272 von Paris nach Neapel wechselt, auf dem Lehrstuhl für Ausländer nach.

Ludwig IX., der Heilige, Sohn der hl. Blanca und Bruder der sel. Elisabeth von Frankreich, 1219–1270, galt nicht nur als der „ungekrönte Kaiser des Abendlandes", sondern war zu seiner Zeit aufgrund seines heiligmäßigen Lebens und seines Einsatzes für den Frieden in Europa eine große moralische Autorität. Bereits 1297 heiliggesprochen.

Bei den **Manichäern** handelt es sich um eine auf den im 3. Jh. lebenden Kleinasiaten Mani zurückgehende, in der Antike sehr erfolgreiche Sekte, deren Ideen auchnoch in den mittelalterlichen, vom Dominikanerorden bekämpften Sekten großen Einfluß hatten.

Letzte Lebensjahre und Nachleben

Das römische Provinzkapitel, das in jenem Jahr in Florenz tagte, beauftragte Thomas im Frühjahr 1272, wie bereits einige Jahrzehnte zuvor seinen Lehrer Albert, ein neues *studium generale* zu gründen. Dabei fällt an der Anordnung des Generalkapitels etwas Besonderes auf: der Ort und die personelle Gestaltung der neuen Institution waren Thomas völlig freigestellt.

Thomas wählte Neapel. Damit kam er einem Plan nach, der bereits seit 1269 immer wieder von den verschiedenen Ordenskapiteln vorangetrieben worden war. In Neapel gab es bereits eine längere universitäre Tradition, die Gründung eines Generalstudiums, das gleichsam die theologische Fakultät der entstehenden Universität bilden konnte, war also höchst überfällig. Auch Karl von Anjou, der Thomas sehr schätzte und dem sehr daran gelegen war, den alten intellektuellen Glanz, den Neapel unter Friedrich besessen hatte, wieder erstrahlen zu lassen, scheint bei der Wahl eine gewisse Rolle gespielt zu haben. Jedenfalls wissen wir, daß er Thomas – selbstverständlich in die Hände seines Priors – monatlich eine Unze Gold als Professorenhonorar zukommen ließ, womit der Konvent vermutlich einen Teil der Ausgaben für Pergament und Sekretäre deckte (Torrell, S. 263). Aber auch die familiären Bande scheinen bei seiner Wahl für den Süditaliener nicht ganz belanglos gewesen zu sein.

Familienangelegenheiten

Auch wenn man sich dies angesichts der immer häufiger werdenden außergewöhnlichen Geisteszustände des Aquinaten kaum vorstellen kann – in seinen letzten zwei Lebensjahren in Neapel kommen einige familiäre Angelegenheiten auf Tho-

mas zu, in denen er ein bislang nicht beobachtetes Engagement in zeitlichen Angelegenheiten zeigt.
Im September 1272 etwa wird Thomas zum Nachlaßverwalter und Testamentsvollstrecker seines Schwagers Roger von Aquila ernannt, was für den Vielbeschäftigten eine zeitraubende Aufgabe darstellt, der er aber offensichtlich mit einem erstaunlich großen Engagement nachkommt (Torrell, S. 288–290). Bartholomäus von Capua, der in jenen Jahren als Beamter bei Karl von Anjou tätig war, erinnerte sich im Heiligsprechungsprozeß, daß Thomas, der sonst den Konvent in Neapel nie verlassen habe, in dieser Sache im Hinblick auf einige unklare Vermögensverhältnisse sogar an den königlichen Hof in Capua reiste, um mit Karl zu verhandeln.
Aufgrund der guten Beziehung, die Thomas zu Karl hatte, trat die Familie aber auch immer wieder in persönlichen Anliegen an Thomas mit der Bitte um Vermittlung heran. Erhalten ist etwa eine, mit dem Namen des Thomas als Bürgen, von Beamten Karls am 3. April 1273 für des Aquinaten Nichte Franziska ausgestellte Aufenthaltserlaubnis. Franziska war mit Hannibal von Ceccano, der als Anhänger der Staufer gegenüber dem Haus von Anjou in Ungnade gefallen war, verheiratet und benötigte daher, um zur Kur in die seit der Antike für ihre Heilkraft bekannten Bäder von Pozzuoli zu reisen, eine Art Reisepaß und Aufenthaltsgenehmigung. Nicht ganz ein Jahr später sollte sie sich dankbar an diese Hilfe ihres Cousins erinnern und Thomas in einer schwierigen Situation zur Seite stehen.
Trotz dieses ganz ungewohnten Engagements des Thomas lag seine Hauptbeschäftigung natürlich auch während seiner Zeit in Neapel auf der geistig-geistlichen Arbeit. Neben seiner Predigttätigkeit – erhalten sind uns Predigten des Thomas über das Vaterunser, die er in seiner Muttersprache gehalten hat – war die bereits in Paris begonnene Arbeit an der *Tertia* der theologischen Summe fortzusetzen, er mußte die in Frankreich angefangenen Aristoteleskommentare fertig stellen, begann freilich auch noch zwei weitere Kommentare zu Schriften des großen antiken Philosophen,

Die **Predigten zum Vaterunser** finden sich zusammen mit anderen früheren Predigten übersetzt als: THOMAS VON AQUIN, *Katechismus des Hl. Thomas von Aquin* … 1971 (Kurztitel = **In Apost.**).

die allerdings unvollendet blieben *(De caelo et mundo, De generatione et corruptione).* Und auch die Arbeit an dem für Reginald verfaßten *Compendium theologiae* nahm er hier mit dem Traktat über die göttliche Tugend der Hoffnung wieder auf. Vor allem jedoch hatte er sich wieder seinen Lehraufgaben zu widmen. Zwei große theologische Werke sind uns als Frucht seiner Vorlesungen in Neapel erhalten: der Kommentar zum Römerbrief und jener zum Buch der Psalmen.

Die zwei letzten Schriftkommentare

Mit großer Wahrscheinlichkeit können wir annehmen, daß Thomas seine Vorlesungen zur heiligen Schrift in Neapel mit dem Kommentar zu den Briefen des Paulus *(Expositio et Lectura super Epistolas Pauli Apostoli),* genauer mit der Kommentierung des Römerbriefes begann. Die ersten acht Kapitel davon sind uns sogar in der Handschrift des Thomas erhalten, alle weiteren Pauluskommentare lediglich in der Überarbeitung durch Reginald.
Wie Thomas die Heilige Schrift generell versteht, nämlich stark systematisch, wird gut an dem Prolog, den Thomas dem gesamten Kommentarwerk zu den Paulusbriefen vorangestellt hat, deutlich: „14 verschiedene Briefe hat der Apostel verfaßt … Sie alle aber handeln von der Gnade Christi." Diese aber wird in der Paulusinterpretation des Aquinaten unlösbar mit der Kirche verbunden betrachtet: Das paulinische Bild von der Kirche als dem mystischen Leib Christi aufnehmend berücksichtigt jeder Brief einen speziellen Aspekt der Begnadigung dieses Leibes. Eine besondere Stellung jedoch nimmt der Römerbrief ein. Denn obwohl ihm „der Brief an die Korinther wohl der Zeit der Abfassung nach vorangeht, hat er den Vortritt" und wird von Thomas zuerst kommentiert. Nicht nur wegen der Würde der Römer und weil er den Stolz, der der Anfang aller Sünde ist, bekämpft, sondern zuallererst deswegen, „weil es die Ordnung der Lehre verlangt, daß die Gnade zuerst in sich … betrachtet wird." – Genau dies aber tut der Römerbrief! Thomas

wählt hier also, indem er die Schrift als systematische Einheit versteht, einen völlig anderen Weg als ihn die historisch-kritische Exegese in der Neuzeit eingeschlagen hat. Gerade dies jedoch macht seine Herangehensweise nicht obsolet. Kardinal Ratzinger hat in einem vieldiskutierten Vortrag darauf hingewiesen, daß das Denken des Thomas in den Ausweglosigkeiten und Widersprüchlichkeiten, in denen sich weite Teile dieser Exegese verfangen haben, als wichtiges Korrektiv wirken kann.

JOSEPH RATZINGER, *Schriftauslegung im Widerstreit*, in: *Quaestiones disputatae* 117 (1989) S. 15–44.

Ab Herbst 1273 hat Thomas als zweites Buch der Heiligen Schrift die Psalmen kommentiert. Der Kommentar zu 45 Psalmen ist uns in der *Postilla super Psalmos* als *reportatio* aus der Hand Reginalds erhalten geblieben. Auch hier ist der Prolog wieder äußerst aufschlußreich. In ihm klingt wohl noch die Erinnerung des Aquinaten an das feierliche Chorgebet und die monastische Ausbildung seiner frühen Jugendzeit bei den Söhnen des hl. Benedikt nach. Dem Buch der Psalmen, so der Prolog, kommt in der Kirche eine besondere Rolle zu, denn es ist ihr Gebetbuch, zu dem sie ohne Unterlaß durch die Zeiten hindurch greift. Nicht von ungefähr, denn während die anderen Bücher der Heiligen Schrift jeweils einen besonderen Stoff oder Teilaspekt der Offenbarung behandeln – so etwa die Briefe des Paulus die Gnade – wird durch dieses Buch „der Stoff der gesamten Theologie abgedeckt." Und dies nicht in einem nur erzählenden, ermahnenden, vorschreibenden oder disputativen Modus, wie in den anderen kanonischen Schriften, sondern in der vornehmsten Ausdrucksform vernünftiger Lebewesen: „von Lobpreisung und Gebet". Wo die Theologie daher auf die Psalmen rekurriert, zeigt sich in besonderer Weise ihr Weisheitscharakter.

Die hier zum Ausdruck kommende Liebe zum Gesang der Psalmen im Rahmen der Liturgie scheint bei Thomas Zeit seines Lebens lebendig gewesen zu sein. Wilhelm von Tocco berichtet, daß Thomas nachts immer schon vor der eigentlichen Zeit zum nächtlichen Chorgebet, der Matutin, erschien (Tocco, Kap. 34). Und: „Man sah ihn auch häufig, wenn er in der Komplet der Fastenzeit den

Zum **Verhältnis des Thomas zur Liturgie** vgl. DAVID BERGER, *Thomas von Aquin und die Liturgie*, 2. Aufl. 2000.

Psalmvers sang: *'Verwirf uns nicht in der Zeit des Alters, wenn meine Kräfte schwinden'*, wie entrückt und von Frömmigkeit verzehrt, von vielen Tränen überströmt, die aus den Augen des frommen Gemütes hervorzu-brechen schienen" (Tocco, Kap. 29).

„Herr, nichts als dich!"

Geprägt von den schwindenden Kräften und „wie entrückt" sahen Thomas jene, die ihn kannten, in den Jahren in Neapel immer häufiger. Seine bereits erwähnte legendäre Zerstreutheit stand mit diesen Phasen der geistigen Betrachtung in Sinnenabwesenheit wohl zusätzlich in einem wechselseitigen Verhältnis. So geübt soll Thomas in der entrückenden Meditation gewesen sein, daß er etwa die medizinischen Operationen, die er über sich ergehen lassen mußte, das Ausbrennen einer Wunde am Schienbein und einen Aderlaß, überhaupt nicht bemerkte (Tocco, Kap. 47). Im Zusammenhang dieser Zustände berichten die Zeugen im Heiligsprechungsprozeß immer wieder von Auditionen und Visionen, die Thomas gehabt haben soll. Am bekanntesten ist der von Tocco wiedergegebene Bericht eines Dominikaners, der im Konvent zu Neapel Küster war: Der Bruder hatte bemerkt, daß Thomas sich häufig alleine in der Kapelle des hl. Nikolaus zum Gebet aufhielt. Neugierig schlich er ihm nach und beobachtete Thomas. Dieser betete vor dem Bild des Gekreuzigten. Da hörte der Küster „plötzlich von dem Ort, dem sich der Lehrer im Gebet zugewandt hatte, folgendes Wort von dem Bild des Gekreuzigten: *Thomas, du hast gut von mir geschrieben. Welchen Lohn möchtest du für deine Mühen empfangen?* Er antwortete: *Herr, nichts als dich*" (Tocco, Kap. 34).

Besonders häufig waren diese mystischen Entrückungen mit dem Sakrament der Eucharistie verbunden. Häufig begann Thomas während der Messe zu weinen, „weil er von den heiligen Geheimnissen eines so großen Sakraments verzehrt und aus seinen Gaben erquickt wurde. Als er daher einmal im Konvent von Neapel am Passionssonntag in der Anwesenheit vieler Ritter die Messe fromm feierte, sah man ihn während des Ablaufs der heiligen Geheimnisse so von der Tiefe des Sakraments verzehrt, daß er gleichsam den göttlichen Geheimnissen beizuwohnen und, wie man glauben darf, von den Leiden des Menschen Christus bewegt war. Das schien die lange Geistesabwesenheit und die überquellende Tränenflut anzuzeigen. Als er länger so verharrte, kamen die bestürzten Brüder herbei und berührten ihn, damit er die heiligen Geheimnisse fortsetze" (Tocco, Kap. 29). Thomas ging mit den in diesen Zuständen gemachten Erfahrungen sehr diskret um: Nach der Messe bedrängten ihn die Ritter und seine Mitbrüder, er möge ihnen mitteilen, was ihm in jener Entrückung zugestoßen sei: „Er weigerte sich aber, es zu sagen, und verbarg das ihm Offenbarte, damit er es nicht vergeude" (Tocco, Kap. 29).

Alles nur Spreu

Der große Lehrer, der während seines Lebens bereits so viel gesagt und geschrieben hatte, begann sich immer mehr in die Welt der Betrachtung und des Schweigens zurückzuziehen. Gleichsam jener Punkt, der diesen Prozeß endgültig besiegelt, ist das Ereignis, das sich am 6. Dezember 1273 zugetragen hat. Bartholomäus von Capua berichtet uns davon in ergreifender Kürze: „Als Bruder Thomas die heilige Messe in der Kapelle des hl. Nikolaus in Neapel feierte, ergriff ihn eine erstaunliche Veränderung. Nach seiner Messe hat er nicht mehr geschrieben, noch irgend etwas diktiert, vielmehr das Schreibgerät bei der Tertia seiner Theologischen Summa, beim Traktat über die Buße, weggelegt. Als Bruder Reginald sah, daß Bruder Thomas zu schreiben aufhörte, sagte er ihm: ‚Vater, was gebt Ihr ein so großes Werk auf, das Ihr zum Lobe Gottes und zur Erleuchtung der Welt begonnen habt?' Ihm antwortete Bruder Thomas: ‚... Ich kann nicht mehr, denn alles, was ich geschrieben habe, scheint mir wie Stroh zu sein im Vergleich mit dem, was ich gesehen habe und was mir offenbart worden ist'" (Eckert, S. 232). Thomas wurde, wie Reginald nach dem

Tod seines Meisters bemerkte, das „Geheimnis einer höheren Wissenschaft geoffenbart" (Tocco, Kap. 63), das es ihm nun unmöglich macht, wieder in die Tiefen menschlicher Wissenschaft hinabzusteigen. Er wird das Werk, das ihn vor allem in der Theologiegeschichte unsterblich gemacht hat, nicht vollenden. Der letzte Teil, der das Werk des Thomas abschließt, das sogenannte *Supplementum,* ist ein von Reginald aus anderen Werken des Thomas, besonders seinem Sentenzenkommentar, zusammengestellter Text!
Seit jenem Tag muß Thomas das Bett hüten, zum Weihnachtsfest schickt man ihn zur Genesung mit Reginald zu seiner Schwester Theodora. Mit großen Mühen erreicht er das Schloß San Severino. Trotz der Mühen der Verwandten und seines Socius verändert sich der Zustand des Thomas nicht. Reginald bemerkt gegenüber der besorgten Theodora: „Häufig wird der Meister im Geiste entrückt, wenn er etwas betrachtet, niemals aber sah ich ihn so lange Zeit wie jetzt seinen Sinnen entfremdet" (Tocco, Kap. 47). So kehren Thomas und Reginald Anfang Januar 1274 wieder in den Konvent zurück. Dort erreicht Thomas eine Einladung Papst Gregors X. zum Konzil von Lyon, das am 1. Mai 1274 beginnen soll. Trotz seiner Krankheit zögert Thomas keinen Augenblick, einer Einladung des Papstes Folge zu leisten. Auf dem Weg passiert Thomas zu allem Unglück auch noch ein Unfall: „Als Bruder Thomas ... von der Stadt Teano nach Borgonuovo herabstieg, stieß er mit seinem Kopf an einen Baum, der über den Weg gefallen war, so stark, daß er durch den Unfall fast das Bewußtsein verlor" (Eckert, S. 230).
Was wenig bekannt ist: Noch einmal bricht Thomas auf seiner Reise sein Schweigen. Als er an dem Kloster seiner Jugend, an Montecassino vorbeikommt, erwarten ihn bereits einige Mönche der Abtei mit einem Anliegen. In der Abtei war kurz zuvor ein heftiger Streit unter den Mönchen über eine Stelle aus einer Predigt Gregors des Großen, die über das Verhältnis von menschlicher Freiheit und göttlicher Vorsehung handelt, ausgebrochen. Thomas soll nun, indem er mit seiner Autorität die Stelle erklärt, den Frieden wiederherstellen. Zwar kann er den

mühsamen Aufstieg nicht mehr leisten, doch erklärt er sich „als gehorsamer Sohn“ bereit, Reginald in einem Brief an den Abt der Abtei, Bernhard Ayglier, mit dem er seit seiner Zeit in Orvieto befreundet ist, eine Antwort zu diktieren. Lange Zeit hielt man dieses Ereignis für eine Legende. Doch 1874 fand der damalige Abt in der Abteibibliothek von Montecassino, in der bereits Thomas Wichtiges entdeckt hatte, ein Manuskript, das den Brief enthielt und das in den Augen der kritischen Mittelalterforscher schnell für echt befunden wurde. Vielleicht stellt diese kleine Schrift eine der besten und in ihrer wuchtigen Einfachheit überzeugendsten Erklärungen des Thomas zu der schwierigen philosophischen Frage nach dem Zusammenhang von göttlichem Vorauswissen und menschlicher Freiheit dar. Auch hier, in seiner letzen Schrift, wird klar das Bemühen des Thomas deutlich, die absolute Freiheit, Allursächlichkeit und Majestät Gottes unbedingt gegenüber falschen Autonomiebestrebungen des Menschen und seiner rein innerweltlichen Wirklichkeit zu wahren.

Der Brief an Bernardus findet sich in: *Leonina*, Bd. 42, S. 413–415. Eine deutsche Inhaltsangabe der Schrift bietet: DAVID BERGER, *Die letzte Schrift des hl. Thomas von Aquin*, in: *Forum Katholische Theologie* 14 (1998) S. 221–230).

Der Tod eines der Kirche gehorsamen Sohnes

Daß Thomas noch einmal sein Schweigen bricht, kann nicht darüber hinwegtäuschen, daß es ihm immer schlechter geht. Ende Februar kehrt er auf dem Schloß bei seiner bereits erwähnten Nichte Franziska in Maenza ein. Wieder muß er das Bett hüten und will nichts mehr essen. Tocco berichtet, daß der daraufhin herbeigerufene Arzt nichts anderes weiß, als Thomas zu fragen, worauf er Appetit hätte. Thomas aber antwortet, „er könne keine Speise außer Heringen kosten, die er in Frankreich gegessen habe.“ Die Beschaffung grüner Heringe gestaltete sich naturgemäß in Süditalien schwierig. Der Arzt begibt sich dennoch auf die Suche: „Als er auf die Straße hinausging, fand er einen, der eine Last frischer Sardinen von Terracina mit sich führte. Als er sie auf die Erde hatte niedersetzen lassen, um zu erforschen, ob einige andere Fische den

Sardinen beigegeben seien, da fand er eine Kiste frischer Heringe." (Tocco, Kap. 56) Erstaunen und Freude sind groß. Über die Tatsache allerdings, ob Thomas dann tatsächlich von den Heringen gegessen hat, gehen die Augenzeugenberichte auseinander. Jedenfalls scheint sich Thomas allmählich etwas besser gefühlt zu haben, denn er und Reginald reisten – trotz eines Verbotes dieser Reiseart durch die Ordensregel – auf einem Pferd Richtung Rom weiter. Doch bereits bei der Zisterzienserabtei von Fossanova müssen sie wieder Halt machen. Fast einen Monat liegt Thomas dort schwer krank. Eine schöne Legende besagt, daß er auf dem Krankenbett den Zisterziensermönchen noch das Hohelied diktiert habe. Jenes „mystische Buch der bräutlichen Gottesliebe, von dem die Väter der Kirche sagen, der Sinn seiner Bildersprache sei: daß Gott all unsere Möglichkeiten, ihn zu besitzen, schlechthin überrage." Doch es ist uns weder ein solcher Text, der Echtheit beanspruchen könnte, überliefert, noch berichten die Zeugen des Heiligsprechungsprozesses, die zu jener Zeit mit Thomas zusammen waren, davon (Torrell, S. 305). Irgendwann um den 4. oder 5. März 1274 bemerkt Thomas den herannahenden Tod und empfängt die Sterbesakramente. Zunächst legt er seine Generalbeichte bei Reginald ab. Später wird dieser aussagen, daß er hier erfahren habe, daß Thomas „so rein war wie ein fünfjähriger Knabe, da er niemals die Befleckung durch sein Fleisch spürte noch irgendeiner Verkehrtheit zustimmte" (Tocco, Kap. 63). Danach erhält er die Letzte Ölung. Alle Augenzeugen berichten von einem Gebet, das Thomas sprach, bevor er in diesem Rahmen zum letzten Mal das Sakrament der Eucharistie empfing. Es ist nicht nur ein frommes Gebet eines Heiligen, sondern es drängt sich geradezu auf, als Epilog eines Lebens, das ganz von einer ruhelosen, zutiefst kirchlichen „Heiligkeit der Intelligenz" geprägt war, gelesen zu werden. Thomas betete: „Ich empfange dich als Lösegeld meiner Seele, ich empfange dich als Wegzehrung für meine Pilgerfahrt; aus Liebe zu dir habe ich studiert, gewacht und mich gemüht. Dich habe ich gepredigt und gelehrt.

JOSEF PIEPER, *Thomas von Aquin: Sentenzen über Gott und die Welt*, 3. Aufl. 2000, S. 39–40.

Gegen dich habe ich niemals etwas gesagt; sollte ich aber etwas gesagt haben, so habe ich es unwissend gesagt, und ich beharre nicht hartnäckig auf meiner Meinung, sondern wenn ich über dieses Sakrament oder über anderes schlecht geredet habe, so überlasse ich es ganz der Verbesserung durch die heilige römische Kirche, in deren Gehorsam ich nun aus diesem Leben scheide“ (Tocco, Kap. 58).
In den frühen Morgenstunden des 7. März 1274 stirbt Thomas nach dem Empfang der Kommunion aus den Händen seines treuen Gefährten Reginald.

Heiliger oder Ketzer?

Spätestens bei seinem Tod ist bereits seinen Zeitgenossen bewußt, was schnell zu einer allgemein geteilten Gewißheit werden wird: Sie waren einer höchst außergewöhnlichen Person begegnet, deren geistiges Vermächtnis ihre eigene Zeit überdauern wird. Dies zeigt sich zunächst an den zahlreichen, von Tocco und anderen Zeugen im Heiligsprechungsprozeß berichteten Wundern, die sich im Zusammenhang und nach dem Tod des Thomas ereignet haben sollen. So soll etwa der von einer schweren Augenkrankheit geplagte Subprior des Klosters Fossanova durch die Berührung seiner Augen mit jener der Leiche des Thomas auf der Stelle geheilt worden sein (Torrell, S. 309–310). Noch deutlicher zeigt sich dieses Bewußtsein aber in der tiefen Verehrung, die dem Magister in seiner Heimat entgegengebracht wird und die neben einer scharfen Kritik, die vor allem von den Theologen der Universitäten zu Paris und Oxford vorgetragen wird, steht.
Das Requiem, das für Thomas in der Abtei von Fossanova gesungen wurde, sei „aus Schmerz traurig und aus Verehrung zugleich feierlich“ gewesen, berichtet uns Tocco (Kap. 63). Unter den Trauergästen waren nicht nur die Mönche der Abtei und Ordensbrüder, auch ein Bischof aus dem Franziskanerorden, Franziskus von Terracina, und zahlreiche adelige Verwandte und Bekannte des Thomas aus Kampanien, darunter seine Nichte

Franziska waren bei der Trauerfeier zugegen. Reginald kam es zu, die Leicherede bei der Bestattung seines Meisters in der Klosterkirche zu halten: Er konnte seine Tränen kaum zurückhalten und sprach von seiner Trauer und dem zugleich bestehenden Glück, daß er „gewürdigt wurde, während seines ganzen Lebens sein Zeuge und Gefährte zu sein" (Tocco, Kap. 63).

Daß sehr früh eine Verehrung des Verstorbenen einsetzte, zeigt auch der Umgang mit dessen sterblichen Überresten. Aus Angst, die Reliquien könnten geraubt werden, exhumierten die Mönche von Fossanova im Oktober 1274 den gut erhaltenen Leichnam und brachten diesen ins Innere des Klosters, wo sie ihn erneut bestatteten. Interessant ist dabei auch, daß die Mönche aus diesem Anlaß nicht noch einmal die Totenmesse, sondern die Messe *Os justi,* die zu Ehren eines heiligen Bekenners und Kirchenlehrers vorgeschrieben ist, sangen (Torrell, S. 310). Doch damit hatte der Leichnam noch lange nicht seine letzte Ruhe gefunden. Die Skala dessen, was man im 14. Jahrhundert mit ihm machte, reicht von Entbeinung bis zum Einkochen bestimmter Körperteile. So widerwärtig, wie uns dies heute erscheint, ist es doch ebenfalls Zeichen einer in Italien rasch einsetzenden Heiligenverehrung. Heute wird die Reliquie in der Jakobinerkirche von Toulouse verehrt.

Neben dieser Verehrung setzte sich die bereits während seines irdischen Lebens vorgebrachte Kritik am Denken des Thomas nach seinem Tod mit wachsender Schärfe fort. Besonders an den genannten Fakultäten und im Franziskanerorden entstehen ab 1279 eine ganze Reihe von Thomas kritisierenden Schriften, die eine eigene Literaturgattung, die *Correctoria* begründen. Sie stellen unter anderem einige Sätze des Thomas heraus, die sie im Hinblick auf die Rechtgläubigkeit für gefährlich hielten. Die Dominikaner und Schüler des Thomas wiederum verteidigten ihren Lehrer und Ordensbruder in eigenen Gegencorrectoria. In dieser Kontroverse, die man den Korrektorienstreit nennt, bildet sich langsam eine eigene thomistische Schule.

Eine neuere Gesamtdarstellung der **Geschichte der thomistischen Schule** in deutscher Sprache existiert nicht. Vorarbeiten dazu liegen vor: David Berger, *Thomismus. Große Leitmotive der thomistischen Synthese,* 2001, S. 59–126 (Kurztitel = **Berger**).

Heiligsprechung und eine beispiellose Erfolgsgeschichte

Endgültig besiegelt wird die Erfolgsgeschichte dieser Schule durch die Heiligsprechung des Thomas am 18. Juli 1323 durch Papst Johannes XXII. in Avignon. Bereits seit 1317 hatte Thomas an der Universität Paris den Titel *Doctor communis,* allgemeiner Lehrer, inne, doch nach der Heiligsprechung entwickelte er sich immer mehr zum allgemeinen Lehrer der gesamten römisch-katholischen Kirche. 1567 wird er als erster Scholastiker in der Kirchengeschichte von dem Dominikanerpapst Pius V. zum Kirchenlehrer erhoben. Die Rolle, die in der Zeit des Thomas die Sentenzen des Lombarden innehatten, nimmt nach diesem Akt und nach dem Konzil von Trient, das sich in einigen seiner wichtigsten Dokumente, manchmal bis hinein in den Wortlaut, auf Ausführungen des Thomas stützt, die theologische Summe des Aquinaten ein. An den theologischen Fakultäten wird sie als das grundlegende Lehrbuch kommentiert. Eine Praxis, die im 17. Jahrhundert ihren Höhepunkt erreicht.

Bezüglich der **Kommentare zur theologischen Summe** ist noch immer unverzichtbar: ANTON MICHELITSCH, *Kommentatoren zur Summa Theologiae des hl. Thomas von Aquin.* Nachdruck der Ausgabe von 1924, 1981.

Nachdem mit der Aufklärung und Säkularisation diese Tradition in Westeuropa jäh abbricht, bringt die sich ab der ersten Hälfte des 19. Jahrhunderts neu formierende scholastische Bewegung, die sog. Neuscholastik, eine Thomasrenaissance mit sich. Diese wird nicht nur von den Päpsten eifrig gefördert und löst eine intensive historische Erforschung des Mittelalters aus, sie stellt zugleich das theoretische Fundament für die Geschichte der katholischen Kirche zwischen 1850 und 1950. Es ist aufgrund des knappen zeitlichen Abstandes dieser Thomasrenaissance unvermeidlich, daß sie höchst unterschiedlich bewertet wird. Eines scheint aber unumstritten festzustehen: Während es heute – in der postmodernen Epoche eines konstruktivistisch orientierten Denkens – Theologen aufgrund der unterschiedlichsten Ansätze, die sie im allgemeinen Pluralismus entwickeln, immer schwerer fällt, sich untereinander zu

THOMAS RUSTER, *Rezension,* in: *Lebendiges Zeugnis* 51 (1996) S. 317.

verständigen; während, wie Thomas Ruster kürzlich bemerkt hat, die „Kommunikationsfähigkeit der Theologen untereinander rapide verloren geht", hatte man damals in der Lehre des „allgemeinen Lehrers" ein gemeinsames Fundament, einen allen zugänglichen und mehr oder weniger vertrauten Kommunikationsraum, in dem jenes verstehende Gespräch, das für einen gesunden Fortschritt der Theologie unabdingbar ist, möglich war. Hier liegen wohl die Gründe dafür, daß es im 20. Jahrhundert zu jener Entwicklung kam, die Papst Johannes Paul II. in seiner Enzyklika *Fides et Ratio* (14. September 1998) beschreibt (Nr. 58): „Zahlreiche Gelehrte brachten mutig die thomistische Überlieferung in die Diskussion über die damaligen philosophischen und theologischen Probleme ein. Die einflußreichsten katholischen Theologen dieses Jahrhunderts, deren Denken und Forschen das II. Vatikanische Konzil viel zu verdanken hat, sind Kinder dieser Erneuerung der thomistischen Philosophie. So stand der Kirche im Laufe des 20. Jahrhunderts eine starke Gruppe von Denkern zur Verfügung, die in der Schule des Doctor Angelicus herangebildet worden waren."

II.

Sacra doctrina – Heilige Lehre

Theologie als Wissenschaft und Weisheit

Auch wenn sie unvollendet geblieben ist, eignet sich kein Werk des Thomas so gut wie dessen *Summa theologiae,* um einen Einblick in die zentralen Leitmotive des Denkens des Aquinaten zu gewinnen. Zum einen stellt sie die letzte große theologische Synthese des Kirchenlehrers dar, an der er bis zu seinem Verstummen gearbeitet hat, so daß wir in jenen Fragen, in denen sich eine Entwicklung seines Denkens feststellen läßt, hier die endgültige Lösung vor uns haben. Ihr Entstehungskontext bedingt zudem eine Klarheit und Kürze der einzelnen Quaestionen, die in anderen Werken des Aquinaten so nicht gegeben ist und die in einer übersichtlichen, einfachen Gesamtkomposition steht. Zum anderen kann man im Hinblick auf die Rezeption des thomanischen Denkens ohne Übertreibung – mit dem protestantischen Thomasforscher Thomas Bonhoeffer – von der Summa als „der klassischen christlichen Dogmatik schlechthin" sprechen. Sieht man von der Heiligen Schrift ab, dürfte kein Buch in der Geschichte der katholischen Theologie so häufig kommentiert und zitiert worden sein, wie die Summa.

TH. BONHOEFFER, *Die Gotteslehre des Thomas von Aquin,* 1961, S. 2.

Auch die folgende Einführung orientiert sich in ihren Grundzügen am Aufbau der theologischen Summe. Dabei werden freilich auch die anderen Schriften des Thomas – gemäß dem bewährten Interpretationskanon, nachdem der hl. Thomas selbst sein bester Interpret ist – zur Erklärung der großen, hier aufgeworfenen Fragen kontinuierlich mit einzubeziehen sein.

Selbstvergessenheit im Dienst der Offenbarung

Für uns ist die Theologie heute zumeist eine unter anderen Wissenschaften geworden, die im Unterrichtsbetrieb einen abgegrenzten Raum einnimmt und sich an den allgemein üblichen wissenschaftlichen Standards messen lassen muß. Dies war zur Zeit des Thomas noch ganz anders. Der Wissenschaftscharakter der Theologie und ihr Verhältnis zu den mit dem Aristotelismus in die Autonomie drängenden profanen Wissenschaften war noch weitgehend ungeklärt. Allgemein prägend war das von den Kirchenvätern übernommene, etwa bei Bonaventura in kunstvoller Form anzutreffende Einheitskonzept der christlichen Weisheit, auf die alle Wissenschaften und Künste zurückzuführen sind (Hoping, S. 11–12). Eine klare Unterscheidung zwischen Philosophie und Theologie war hier weder möglich noch gewünscht.

Bei diesem Problem setzt Thomas ein, wenn er seiner gesamten Summe eine Quaestion voranstellt, die pünktlich und genau über Wesen, Wert und Methode der Theologie, die er fast immer als „heilige Lehre" *(sacra doctrina)* bezeichnet, Rechenschaft ablegt. Daß dies durchgehend vor dem Horizont des genannten Einheitskonzeptes und zugleich im Dialog mit dem aristotelischen Wissenschaftsbegriff geschieht, wird bereits an der ersten Frage, die sich Thomas stellt, deutlich: Ist außer der philosophischen Wissenschaft noch eine andere Wissenschaft nötig? Und er antwortet ohne Wenn und Aber mit „Ja"! Wurde doch der Mensch von Gott für ein Ziel bestimmt, das die Fassungskraft seiner ihm von Natur aus mitgegebenen Vernunft übersteigt. Dieses Ziel ist deshalb „übernatürlich" zu nennen. Um sich auf den Weg zu diesem Ziel machen zu können, muß der Mensch dieses aber erkennen. Eine Erkenntnis, die dem Menschen aufgrund der genannten Übernatürlichkeit jedoch nicht aus sich möglich ist und die er deshalb von Gott durch die Offenbarung von Dingen, die über seine Vernunft hinausgehen, als Geschenk annehmen muß. Neben den philosophischen Wissenschaften, „die rein auf der Forschungsarbeit der menschlichen Vernunft beruhen, war also eine heilige Lehre notwendig, die auf göttlicher Offenbarung gründet" (Sth Ia q.1 a.1).

Die fundamentale Abhängigkeit einer Wissenschaft von der für den Menschen natürlicherweise nicht erkennbaren Offenbarung scheint nun aber ganz gegen den aristotelischen Wissenschaftsbegriff zu sprechen, gründet die Wissenschaft doch auf Prinzipien, die durch sich selbst einsichtig sind! Betrachtet man die Sache aber genauer, wird deutlich, daß es sich bei dieser Wissenschaft um das handelt, was Aristoteles als eine subalterne Wissenschaft *(scientia subalternata)* bezeichnet; d. h. eine Disziplin, die ihre Prinzipien von einer ihr übergeordneten Wissenschaft empfängt. So arbeitet die Musik mit Prinzipien, die ihr durch die Arithmetik vermittelt werden. Ähnlich ist es bei der Theologie, „weil sie sich auf Prinzipien stützt, die durch das Licht einer höheren Wissenschaft erkannt werden, nämlich der Wissenschaft Gottes und der Seligen" (Sth Ia q.1 a.2). Diese Prinzipien kann die Theologie nicht mehr beweisend begründen. In der Offenbarung, näherhin den in der Erscheinung Christi sichtbar gewordenen, im Glauben anzunehmenden und durch das Lehramt der Kirche überlieferten Glaubensartikeln empfängt die Theologie diese Basissätze, mit denen sie dann wissenschaftlich, unter Einbezug der Philosophie weiterarbeitet (Sth IIa-IIae q.1 a.6). Diese Weiterarbeit besteht in dem mehr betrachtenden als restlos erklärenden Sich-Versenken in die genannten Prinzipien, deren Verteidigung gegen jene, die diese bezweifeln, und der Ableitung neuer Erkenntnisse (Konklusionen) aus den Glaubensartikeln (Sth Ia q.1 a.8). Identitätswahrung und Fortschritt werden so in ein ausgeglichenes Verhältnis zueinander gebracht. Vorbild ist in diesem Zusammenhang für Thomas etwa der Apostel Paulus, der aus der Tatsache der Auferstehung Christi die allgemeine Auferstehung aller Menschen schlußfolgert (1 Kor 15,12).

Hier wird bereits etwas sehr deutlich, was die ganze Theologie des Thomas grundlegend prägt: Die Theologie ist ganz angewiesen auf das Geschenk der Offenbarung und daher nur möglich als eine „Einprägung des göttlichen Wissens" (Sth Ia q.1 a.4) in Geist und Herz des Theologen, als Partizipation des Menschen am Erkennen Gottes und der Seligen, als „Theologie von oben". Dem entspricht, daß Thomas zur Methode der Theologie lapidar erklärt: „Es ist gerade die Eigenart dieser Wissenschaft, zum Beweise die Autorität sprechen zu lassen, eben weil die Prinzipien dieser Lehre aus der Offenbarung stammen.“ (Sth Ia q.1 a.8) Von den Erfahrungen des Hörers des Wortes aus zu starten, wie dies die anthropozentrisch orientierte Theologie des 20. Jahrhunderts versucht hat, oder gar die Theologie als eine Form der Religionswissenschaft bzw. autonome Instanz neben dem Lehramt der Kirche zu verstehen, liegt Thomas denkbar fern.

Wie sehr es Thomas gelungen ist, dieses in der ersten Quaestion entworfene Programm in seiner eigenen Theologie umzusetzen, klingt an, wenn Otto H. Pesch feststellt, daß die Theologie des Thomas „mit einem Wort selbstvergessen ist. Sie interessiert sich auf ihrer Hauptlinie in provozierender Weise gerade nicht für die Frage des Menschen nach seinem Heil, sondern umschließt diese Frage im Blick auf die Herrlichkeit der Werke Gottes“.

LYDIA MAIDL / OTTO H. PESCH, *Thomas von Aquin. Gestalt – Begegnung – Gebet*, 1994, S. 12 (Kurztitel = **Maidl/Pesch**).

Dieses „atemberaubende Programm“ (ebd.) ist Thomas vor allem deshalb möglich, weil seine Theologie von einem großen Vertrauen zum päpstlichen Lehramt getragen ist. Wie die Offenbarung sich in vielen Glaubenssätzen als den Prinzipien der Theologie für den Geist des Menschen greifbar auffaltet, wie diese Mysterien von Christus selbst sicht- und hörbar mitgeteilt wurden, wie die Kirche eine sinnlich wahrnehmbare Einrichtung ist, so ist es auch notwendig, daß die Einheit und Reinheit des Glaubens, ohne die jede Theologie sich gleichsam wie ein von der Seele verlassener Leib ausnimmt, durch die sichtbare Autorität gewährleistet wird. Diese besteht im Lehramt der Kirche *(officium praelationis)*, das im päpstlichen Primat seinen Quellpunkt hat (ScG IV, 76; Sth Ia-IIae q.1 a.10; Sth IIa-IIae q.39 a.3). Der Papst ist jene Instanz, die für die Festlegung der Sätze, die der Theologie als Prinzipien zugrunde liegen, verantwortlich ist (Pesch, S. 114). In ihm bündelt sich die Autorität der Gesamtkirche. In strittigen Fragen der Theologie hat er das letzte Wort. Zustimmend zitiert Thomas in diesem Zusammenhang Hieronymus gleichsam auf seine eigenen Werke deutend: „Dies ist der Glaube, heiligster Vater, den wir in der katholischen Kirche gelernt haben. Wenn darin vielleicht etwas weniger kundig oder mit zu geringer Vorsicht behauptet ist, so wünschen wir von dir zurecht gewiesen werden, der du den Glauben und den Stuhl Petri innehast" (Sth IIa-IIae q.11 a.2).

Gott „um seiner selbst willen" als der alles bestimmende Leitgedanke

Warum eine anthropozentrisch gewendete Theologie dem Denken des Thomas so fremd ist, wird dort besonders deutlich, wo Thomas, wieder ausgehend vom aristotelischen Wissenschaftsbegriff, nach der Einheitlichkeit der Theologie fragt. Aristoteles hatte richtig erkannt, daß diese unentbehrliche Einheit von der Einheit des Gegenstandes, mit dem sich die jeweilige Wissenschaft beschäftigt, herrührt. Die Theologie jedoch handelt von den verschiedensten Gegenständen, selbst von historischen Einzelereignissen, von denen es nach Aristoteles überhaupt keine Wissenschaft geben kann. – So beschäftigt sie sich etwa mit den Taten Abrahams oder dem Wesen und den Sitten der Menschen, worüber bereits die Philosophie handelt. Thomas antwortet: Die Einheitlichkeit einer Wissenschaft kommt nicht von den Einzelgegenständen als solchen, mit denen sie sich beschäftigt (*Materialobjekte*), sondern allein von dem Gesichtspunkt, unter dem die Einzelgegenstände betrachtet werden und der formbestimmend auf die gesamte Erkenntnis und somit auf das aus dieser bestehende Gebäude der jeweiligen Wissenschaft wirkt (*Formalobjekt*). Der alles einigende und alles bestimmende Leitgedanke der heiligen Lehre ist aber Gott. „Und zwar handelt es sich entweder um Gott selbst oder um die Dinge, insofern sie Beziehung haben zu Gott als ihrem Ursprung und zu ihrem Ziel" (Sth Ia q.1 a.7).

Ist diese zentrale Stellung des Formalobjektes und damit das, was man gemeinhin den thomistischen Objektivismus nennt, gewahrt, kann sich die Theologie der anderen profanen Wissenschaften bedienen, wie „der Architekt die Bauarbeiter oder die Staatskunst die Kriegskunst in Dienst nimmt" (Sth Ia q.1 a.5). Weil nämlich „die Gnade die Natur nicht unterdrückt, sondern im Gegenteil vollendet, so gehört es sich, daß die natürliche Vernunft ganz im Dienst des Glaubens stehe“ (Sth Ia q.1 a.9). So wertvoll, ja im Hinblick auf die menschliche Schwachheit auch unentbehrlich dieser Dienst ist, so will Thomas immer gewahrt wissen, daß die Theologie diese profanen Autoritäten nur als „gewissermaßen systemfremde und überdies höchstens als Wahrscheinlichkeitsbeweise verwendet. Ihre eigenen Autoritäten sind die kanonischen Schriftsteller, aus deren Aussprüchen sie ihre Lehre unumstößlich begründet“ (Sth Ia q.1 a.9). Wird dies beachtet, ist die Theologie immun gegen eine verfremdende Überflutung ihrer Prinzipien durch die Philosophie. Dann kann man sich mit Sorglosigkeit dem Optimismus des Thomas anschließen, wenn er sagt: Wo die heilige Wissenschaft die Philosophie in ihren Dienst nimmt, „vermischt sie nicht Wein mit Wasser, sondern verwandelt Wasser in Wein“ (Trin. 2,3).

Theologie als Weisheit

Mit Aristoteles definiert der Aquinate die Weisheit ganz allgemein als das höchste Wissen, das auf einen universalen Gegenstand ausgerichtet ist und alle Dinge von den ersten Prinzipen aus beurteilt (Sth Ia q.1 a.6). Bereits die Philosophie läßt sich dort, wo sie über die Betrachtung der Kausalität bis zur ersten Ursache aller Dinge vordringt, als Weisheit bezeichnen. „Steigt nun aber jemand in seiner Betrachtung bis zu Gott empor, der allerhöchsten Ursache des Weltalls, so ist er der Weise schlechthin. Darum bezeichnet auch Augustinus die Weisheit als Erkenntnis der göttlichen Dinge. Nun handelt aber gerade die heilige Lehre – und das ist ihre eigentliche Aufgabe – von Gott als der höchsten Ursache. Und zwar nicht so, wie er durch die Geschöpfe erkennbar ist ..., sondern so, wie er nur sich selbst bekannt ist und sich anderen durch Offenbarung mitteilt. Darum verdient die hl. Lehre die Bezeichnung Weisheit im höchsten Maße“ (Sth Ia q.1 a.6). Wie die philosophische Weisheit geht auch die theologische Weisheit noch von Begriff zu Begriff logisch fortschreitend, also *diskursiv* vor. Aber ihre Diskursivität setzt nicht bei dem Geschöpflichen an, sondern sie ist – wie wir bereits sahen – eine Diskursivität „von oben". Gleichsam wie der Schüler durch seinen Lehrer, so empfängt der Theologe Belehrung durch Gott, indem dieser Geist und Herz des Schülers zu sich erhebt (Sth IIa-IIae q. 2 a.3). Theologie als Weisheit bedeutet dann ein „Nach-Denken der Gedanken Gottes" (Maidl/Pesch, S. 11). Ihre Weisheit ist Geschenk, gnadenhafte Gabe des Heiligen Geistes (Sth Ia q.1 a.6 ad3 und Sth IIa-IIae q.45). Daher muß die Diskursivität ihrer Methode stets mit einem weiteren Wegelement integral verbunden sein, mit einer Weise des Erkennens, die ihr Fundament in den Gaben des Heiligen Geistes hat. Thomas nennt diese Methode den „Erkenntnisweg aufgrund einer Wesensverwandtschaft" (Sth IIa-IIae q.45 a.2), „durch Gott ähnlich machende Betrachtung" (Sent III d.35 q.2 a.1 sol.1 ad1), „motiviert aus einem göttlichen Instinkt" (Sth Ia q.68 a. ad3); d.h. durch eine Wesensverwandtschaft. Diese entspringt der gnadenhaften Teilnahme am göttlichen Leben, das sich im Menschen, in seinem Glauben, seiner Hoffnung und der Liebe, widerspiegelt.

Jacques Maritain, *Die Stufen des Wissens oder Durch Unterscheiden zur Einung*, 1951, S. 289.

Die Folgerung, die der französische Philosoph Jacques Maritain aus dem Theologiebegriff des Thomas gezogen hat, klingt deshalb nicht nur sehr aktuell, sondern entspricht auch ganz dem Denken des Thomas: „Sollte eine Theologe den theologischen Glauben verlieren, so mag er immerhin den ganzen Begriffsmechanismus seiner Wissenschaft als etwas Totes weiterschleppen, sein eigentliches Licht hat er vergessen. Er ist Theologe wie ein Leichnam Mensch ist." Die Theologie ist also wesensgemäß mit dem Glauben, der Theologe mit dem Leben aus dem Glauben verbunden. Ihre Aufgabe ist es, das in der Betrachtung der göttlichen Dinge Erfahrene an andere in Lehre und Verkündigung weiterzugeben.

Der Mittelpunkt: Gott

Wir hatten bereits im ersten Teil dieses Buches gesehen, daß Thomas mit der Art, wie Petrus Lombardus seine Theologie strukturiert, nicht recht einverstanden ist. Gott steht für Thomas hier nicht entschieden genug im Mittelpunkt. So verwundert es auch nicht, daß sich der Aquinate, nach der Erörterung der wissenschaftstheoretischen Fragen, im ersten großen Abschnitt seiner Summa ganz Gott zuwendet. Dies tut der Magister freilich nicht unter Mißachtung der Schüler, deren Begleiter er auf der Reise ins Land der Theologie sein will. Vielmehr nimmt er seine Leser bei der Hand und beginnt mit der Frage, ob es Gott überhaupt gibt, einen über die allen mögliche Erkenntnis der geschaffenen Dinge führenden Aufstieg zu deren erster Ursache. Auf dem Gipfel des Berges angekommen, wird nicht nur Gottes Wesen genauer bestimmt und daraus die Art seines Handelns erklärt, sondern es wird auch deutlich, daß der Gott, den man gesucht hat und dem man auf diesen Gipfel begegnen durfte, kein anderer ist als der Dreieine, der sich uns in Jesus Christus geoffenbart hat.

Fünf Wege zu Gott

Weil es für uns Menschen nicht selbstverständlich ist, daß es einen Gott gibt, sind wir darauf angewiesen, seine Existenz aus seinen Wirkungen, die unserem Erkennen näher liegen, mittelbar-sinnlich „sichtbar" zu machen, zu beweisen (Sth Ia q.2 a.1). Dieser Beweis schreitet „von der Wirkung aus zur Erkenntnis der Ursache … So läßt sich Gottes Dasein beweisen aus den Werken Gottes, die uns bekannt sind" (Sth Ia q.2 a.2).
Man wird die Gedankengänge des Aquinaten kaum nachvollziehen können, wenn man sich nicht zuvor den dahinter stehenden *Erkenntnisrealismus* vergegenwärtigt hat. Dieser

GEORG WILHELM FRIEDRICH HEGEL, *Logik*, 1951, *SW* Bd. II., S. 40.

wird gut beschrieben durch das, was Hegel etwas abfällig eine übergroße „Zärtlichkeit für die Dinge dieser Welt", Chesterton mit Hochschätzung „Liebe auf den ersten Blick" (Chesterton, S. 202) genannt hat: Das durch Staunen und Vertrauen in die Sinne des Menschen geprägte Wahrnehmen der sinnlich greifbaren Wirklichkeit. Die ganze menschliche Erkenntnis nimmt bei den Sinnen ihren zuverlässigen Ausgangspunkt (Ver 8, 3 ad 6). Nur durch die Hinordnung auf die materiellen Dinge, die die Sinne in gewisser Weise zunächst passiv empfangen, kann der Verstand aktiv zur Erkenntnis anderer Dinge voranschreiten (ScG III, 45). Dies gilt natürlich auch für die Erkenntnis Gottes. Denn „wenngleich ein Stock oder ein Stein nur eine irdische Offenbarung ist, findet der hl. Thomas in ihnen doch den Weg zum Himmel, und dem, was sich ihm hier erschlossen hat, ist er gehorsam, er weicht nicht davon ab" (Chesterton, S. 203).

In einem der bekanntesten Texte des Mittelalters überhaupt, dem dritten Artikel der zweiten Quaestion des ersten Buches der theologischen Summe, entfaltet Thomas – angelehnt an eine lange Tradition denkerisch-philosophischer Annäherung an ein höchstes Wesen – den Gottesbeweis auf fünf Wegen *(quinque viae),* die alle bei jenen sinnlich erfahrbaren Phänomenen ihren Ausgangspunkt nehmen.

Der erste Weg oder der sogenannte Bewegungsbeweis etwa geht von der unbestreitbaren Erfahrung aus, daß wir unausweichlich in der Welt Bewegung und Veränderungen (im Sinne eines inneren Werdens) begegnen und erleiden. Zugleich wissen wir aus Erfahrung, daß alles, was in Bewegung ist, von einem anderen bewegt sein muß. Sich Veränderndes aber setzt Unveränderliches voraus (Ver 16, 2). „Wenn demnach das, wovon etwas seine Bewegung erhält, selbst auch in Bewegung ist, so muß auch dieses wieder von einem anderen bewegt sein, und dieses andere wieder von einem anderen. Das kann aber unmöglich ins Unendliche fortgehen, da wir dann kein erstes Bewegendes und infolgedessen überhaupt kein Bewegendes hätten." Eben die Tatsache von Bewegendem jedoch können wir kontinuierlich erfahren. Also muß es ein erstes Be-

wegendes geben, das selbst von keinem mehr bewegt ist. Und Thomas folgert wie selbstverständlich: „Dieses erste Bewegende aber meinen alle, wenn sie von ‚Gott' sprechen" (Sth Ia q.2 a.3). Der zweite Weg wird kosmologischer Gottesbeweis genannt. Er geht vom Gedanken der Wirkursächlichkeit aus: Wie das Faktum des Bewegung, so kann man in der sichtbaren Welt immer wieder Ketten von bewirkenden Ursachen feststellen, in denen stets eine Ursache die einer nächsten Ursache ist. Auch hier kann man die Ursachenkette nicht ins Unendliche fortsetztεn. Von nichts kommt ganz einfach nichts. Wo es keine Erstursache gibt, gibt es überhaupt keine wirkenden Ursachen. Eben solche stellen wir aber unausweichlich fest: „Wir müssen also notwendig eine erste Wirk- oder Entstehungsursache annehmen: und die wird von allen Gott genannt" (Sth Ia q.2 a.3).
Der dritte Weg oder der Kontingenzbeweis geht von der Erfahrung aus, daß wir alltäglich einer Unzahl von Dingen begegnen, die nicht notwendig sind, sondern ebenso auch nichtsein können; sie sind kontingent. Sie müssen also ihr Sein von einem anderen haben. Auch hier darf man weder einen unendlichen Regreß noch die Vorstellung annehmen, daß es einmal eine Zeit gab, in der überhaupt nichts war und aus dem sich dann das Sein entwickelt hätte. Dies wäre eine Denkunmöglichkeit, da von Nichts auch nichts kommen kann. Folglich muß es ein Sein geben, „das den Grund seiner Notwendigkeit nicht in einem anderen Sein hat, das vielmehr selbst die Ursache für die Notwendigkeit aller anderen notwendigen Wesen ist. Dieses notwendige Sein aber wird von allen ‚Gott' genannt" (Sth Ia q.2 a.3).
Der vierte Weg zeigt deutlich den bereits genannten Einfluß des Platonismus und Augustins auf Thomas. Er geht von der Erkenntnis aus, daß wir die Vollkommenheiten in der Vielfältigkeit unserer Welt immer in unterschiedlicher Ausprägung vorfinden: „Wir stellen nämlich fest, daß das eine mehr oder weniger gut, wahr oder edel ist als das andere." Wer von „mehr oder weniger" spricht, setzt aber voraus, daß es etwas gibt, in dem sich diese Vollkommenheiten in ihrer höchsten, absoluten

Verwirklichung finden. Die schönen und guten Dinge rufen uns nach Thomas zu: Wir sind schön und gut, aber wir sind nicht die Schönheit oder das Gute. Dein Liebesvermögen können wir nicht restlos erfüllen, suche weiter! Die wahren Dinge rufen: Wir sind wahr, aber wir sind nicht die Wahrheit schlechthin. Suche weiter, denn dein Denkvermögen und deine Sehnsucht nach Wahrheit vermögen wir nie ganz zu stillen! (Sth Ia-IIae q.32 a.2). „So muß es etwas geben, das für alle Wesen Ursache ihres Seins, ihres Gutseins und jedweder ihrer Seinsvollkommenheiten ist: und dies nennen wir ‚Gott' " (Sth Ia q.2 a.3).

Der fünfte Weg wird auch teleologischer Beweis genannt. Er geht von einem Aspekt aus, der manchen Thomasforschern zufolge der Grundgedanke thomanischen Denkens schlechthin ist: der zweckmäßigen Ordnung der gesamten Welt. Vernünftige Zweckmäßigkeit und Ordnung jedoch setzen einen denkenden, Ordnung verursachenden Ordner voraus, der selbst nicht Teil der Weltordnung sein kann, sondern als höhere Intelligenz über ihr steht „und von dem alle Naturdinge auf ihr Ziel hingeordnet werden: und diesen nennen wir ‚Gott'" (Sth Ia-IIae q.32 a.2).

Der Begriff „Gottesbeweis", den Thomas selbst niemals gebraucht, der sich aber für seine fünf Wege eingebürgert hat, könnte den Eindruck erwecken, hier werde die Vorstellung kultiviert, die Gottesbeweise würden eine subjektiv zwingende Wirkung auf alle jene ausüben, die an der Existenz eines höchsten Wesens zweifeln oder diese ablehnen. Jeder, der auf diesem Wege einen „Bekehrungsversuch" unternehmen sollte, würde freilich schnell eines besseren belehrt, und auch Thomas weiß natürlich um den trotz Gottesbeweis bestehenden Unglauben (Sth Ia q.2 a.1). Dennoch haben seine fünf Wege für Thomas eine objektive Gewißheit und sind als solche volle philosophische Beweise. Im Hinblick auf den Glauben besitzen sie eine wichtige vorbereitende Funktion: „Das Dasein Gottes und alle anderen Wahrheiten, die wir – nach Röm 1,19 – von Gott erkennen können, sind nicht Gegenstand der Glaubensartikel, sondern Voraussetzung derselben (sogenannte *praeambula fidei*). Der Glaube setzt nämlich die natürliche Erkenntnis in der gleichen Weise voraus, wie die Gnade die Natur ..." (Sth Ia q.2 a.2). Die katholische Kirche hat sich auf dem Ersten Vatikanischen Konzil (1869–1870) diese Grundvorstellung des Thomas zu eigen gemacht. In der dogmatischen Konstitution über den katholischen Glauben heißt es: „Die heilige Mutter der Kirche hält fest und lehrt: Gott, aller Dinge Grund und Ziel, kann mit dem natürlichen Licht der menschlichen Vernunft aus den geschaffenen Dingen mit Sicherheit erkannt werden" (DH 3004).

Die Menge an Literatur, die sich mit den Gottesbeweisen des Thomas auseinandersetzt, ist groß und es kann hier nicht angehen, auch nur einen Überblick über die Kritik, die an den Gottesbeweisen geübt wird, zu geben. Besonders häufig wird gegen die Gottesbeweise des Thomas ins Feld geführt, daß sie von einer heute nicht mehr gültigen Naturphilosophie oder Kosmologie ausgehen und mit jener dann ebenfalls hinfällig geworden sind. Dies ist jedoch nur zum Teil richtig. Selbst wenn man das Zeitbedingte aus den Gottesbeweisen streicht, so bleibt doch ein zentraler metaphysischer Kern, der von der ihn einst umgebenden aristotelisch-scholastischen Schale ebenso unabhängig ist wie von den Thesen der modernen Physik und Biologie. Letztere bewegen sich ja auf einem völlig anderen Reflexionsniveau, nämlich dem rein Empirischen oder Quantitativen, als die Metaphysik. Größte Bedeutung hat hier der von Thomas in mehreren seiner Werke (De ente 5; ScG II, 15; Sth Ia q.65 a.1) entwickelte Gedankengang, der von der tiefsten Verfaßtheit aller nichtgöttlichen Dinge (auch der nichtmateriellen) ausgeht: So verschieden diese nämlich sind, haben sie doch alle ein Gemeinsames: das, „was wir ‚Sein' nennen, findet sich in allen Dingen" (Sth Ia q.65 a.1). Nun wissen wir aber, daß zum Sein dieser uns begegnenden Dinge auch das Möglichsein gehört. Das heißt, die jeweiligen Einzelursachen dieser Dinge sind nur dafür verantwortlich, daß ein Ding so oder anders ist, ein bestimmtes Wesen hat. Alle Dinge, die auch nicht sein könnten, sind also zusammengesetzt aus Wirklichkeit (*Akt*) und Möglichkeit (*Potenz*), aus *Sein* (Dasein) und *Wesen* (Sosein). Diese Einsicht bildet den Kern der berühm-

ten thomistischen Doktrin von der Realdistinktion von Sein und Wesenheit, die von den Schülern des Thomas durch alle Jahrhunderte hindurch gegen andere Konzeptionen immer wieder mit größter intellektueller Anstrengung verteidigt worden ist.
Um das allen gemeinsame Sein zu begründen, muß es einen einheitlichen, vom mit dem konkreten Wesen verbundenen Sein verschiedenen „einheitlichen Grund des Seins geben, von dem alles, was immer nur sein mag, in was immer für einer Weise das Sein empfängt“ (Berger, S. 181–204).

„Eine sublime Wahrheit“: Gott als das für sich seiende Sein selbst

Die fünf Wege des Thomas (besonders der dritte Gottesbeweis) verhelfen uns zu einer nicht zu unterschätzenden Einsicht in das Wesen Gottes, durch das er sich von den Geschöpfen unterscheidet. Denn sie steigen vom Kontingenten, Verursachten, Vielfältigen und Bewegten, von der endlichen Wirklichkeit, deren gesamte Beschaffenheit fundamental von der Dualität von Möglichkeit und Wirklichkeit bzw. Sein und Wesenheit geprägt ist, auf zur Ursache all dieser kontingenten einzelnen Dinge. Alle sekundären Wirkursachen, mögen sie uns im Augenblick noch so mächtig erscheinen und unser Staunen wecken, rufen uns zu: Bleibt nicht bei uns stehen, geht weiter, denn wir können nur wirken, weil es eine erste aller Wirkursachen gibt, die selbst ungewirkt und absolut ursprungslos ist (Sth Ia q.2 a.3). Um diese erste Ursache sein zu können, muß aber gerade das, was als das tiefste Spezifikum dieser Dinge festgehalten wurde (Dualität von Akt und Potenz, Sein und Wesenheit) in einem Weg der Negation *(via negationis)* von Gott verneint werden. In seiner Einleitung zur 3. Quaestion der Prima, die nach den Gottesbeweisen damit beginnt, das Wesen Gottes zu ergründen, schreibt Thomas: „Bei Gott können wir nicht wissen, was er ist, sondern nur, wie er nicht ist“ (Sth Ia q.3 a.1 prol.). Und: „Der Verstand ist dann in der Erkenntnis Gottes am weitesten fortgeschritten, wenn er versteht, daß die Wesenheit Gottes über dem ist, was in diesem Leben über ihn erkannt werden kann" (Trin 1, 2 ad 1).

Thomas stellt sich hier, wie auch an vielen anderen Stellen seines Werkes, in die große Tradition negativer Theologie. So muß von Gott jede Zusammensetzung, etwa die aus Materie und Form, aus Wesenheit und konkretem Sein oder Individualität, aus Möglichkeit und Wirklichkeit, usw., verneint werden. Aber diese Verneinung führt – wie einer der bekanntesten Kommentatoren des Thomas, Silvester Ferrariensis, anhand der *Summa contra Gentiles* gut gezeigt hat – automatisch auch zu Rückschlüssen darauf, wie Gott ist.

Vgl. FRANCISCI DE SYLVESTRIS FERRARIENSIS, *Commentaria in Summam contra Gentiles,* l.I, c.10, circa primum. Der Dominikaner **Franz Sylvester von Ferrara** (1474–1528), den bereits seine Zeitgenossen bewundernd als „Genie" einschätzten, war Theologieprofessor in Bologna und General seines Ordens. Papst Leo XIII. hat den Abdruck seines Kommentars neben der *Summa contra Gentiles* in der Leonina angeordnet.

Aus den negativen Aussagen, die in Worte fassen, wie Gott nicht ist, läßt sich besonders eine ganz zentrale, allen Negationen zugrundeliegende und zu allen nachgeordneten positiven Aussagen hinführende positive Wesensbestimmung ableiten. Wenn es in Gott keinerlei Zusammensetzung von Möglichkeit und Wirklichkeit gibt, ist er reinste, allererste, von jedem Hauch der Potentialität freie, absolut ursprungslose, völlig unbeschränkte, lautere Wirklichkeit *(actus purus)*. Es steht fest, „daß es ein erstes Sein gibt, das wir Gott nennen: dieses erste Sein muß reine Wirklichkeit *[actus purus]* ohne den Schatten irgendwelcher Potentialität sein. Weil die Potenz schlechthin später ist als der Akt." (Sth Ia q.9 a.1; vgl. auch: ScG I, 16) Diese Einsicht steht in engstem Zusammenhang mit der Unmöglichkeit, im schlechthin vollkommenen, unendlichen Gott eine Zusammensetzung aus Sein und Wesenheit zu denken (Ver 29, 3).

Die Wesenheit Gottes ist vielmehr sein Sein (Sth Ia q.3 a.4), die unendliche Fülle göttlichen Seins in strikter Einfachheit. Er ist das für-sich-seiende (*subsistierende*) Sein selbst *(ipsum Esse subsistens)*. „Es ergibt sich stringent, daß Gottes Wesenheit nichts anderes ist, als sein Sein selbst. Bei jedem Seienden unterscheiden wir zwischen seiner Wesenheit und seinem Sein – es ist notwendig, daß es etwas gibt, was es ist und etwas anderes, wodurch es dieses Etwas ist. Das Sein ist es, aufgrund dessen wir von einem Ding sagen, daß es ist; die Wesenheit, aufgrund derer wir sagen, was es ist. Daher zeigt ja auch die Definition, welche die Wesenheit ausdrückt, an, was das Ding ist. In Gott aber ist, das was er ist und das wodurch er ist, nicht verschieden, da in ihm ja keine Zusammensetzung vorherrscht: Seine Wesenheit ist also nichts anderes als sein Dasein!" (Comp I, 11). Die Schüler des hl. Thomas haben schnell erkannt, daß diese Wahrheit, die Thomas selbst in der *Summa contra Gentiles* (I, 22) mit dem außergewöhnlichen Ausdruck „sublime Wahrheit" umschreibt, gleichsam die „Sonne" oder den Zentralpunkt im thomistischen Gedankenkosmos bildet.

Auf genial zu nennende Weise trifft sich in dieser metaphysischen Wesensbestimmung, wie sie Thomas vornimmt, die Metaphysik mit der Selbstoffenbarung Gottes am Sinai, die natürliche Weisheit mit der übernatürlichen der *scientia sacra*. Denn die Antwort Gottes auf die Frage des Moses nach seinem Namen (Ex 3,13–14) lautet: „Ich bin der Seiende" (ScG I, 22). *Qui est* – „Der ist" ist für Thomas denn auch der eigentliche, vorzüglichste Eigenname Gottes (Sth Ia q.13 a.11; ScG I, 22). Eine Vorstellung, die wir von seinen frühesten theologischen Werken angefangen bis zu seinen Spätschriften immer wieder an zentralen Stellen ausgesprochen finden. Thomas begründete die absolute Vorrangstellung des Namens *Qui est* aber nicht nur mit der Heiligen Schrift, eine Begründung, die heute, hat der Hauptstrom der gegenwärtigen Exegese bezüglich Exodus 3,13 recht, ohnehin problematisch ist. Sondern wieder mit seiner Philosophie des Seins: *Qui est* ist der vorzüglichste Eigenname Gottes zuallererst „wegen seiner Bedeutung. Er bezeichnet nämlich nicht irgendeine Form, sondern das Sein selbst. Nun ist das Sein die Wesenheit Gottes selbst, was bei keinem anderen Wesen der Fall ist, also ist dieser Name der bezeichnendste Name für Gott" (Sth Ia q.13 a.11).

Die göttlichen Eigenschaften

Aus dem *ipsum Esse subsistens* als der konstitutiven Verfassung des göttlichen Wesens lassen sich mit Thomas auch alle weiteren göttlichen Attribute (genannt *Perfektionen*) stringent ableiten. Dabei ist aber unbedingt zu beachten, daß diese Eigenschaften absolut einfache Perfektionen sind und sich von Gottes Sein nur virtuell (d. h. nur unserem Denken nach) unterscheiden. In Gott sind alle Vollkommenheiten der Sache nach total eins (Comp I, 22). Daß Gott dennoch viele Eigenschaften bzw. Namen beigelegt werden, hat seine Ursache nicht darin, daß sie der Grundeigenschaft Gottes, die in der Identität von Sein und Wesenheit besteht, etwas hinzufügen könnten. Vielmehr ist der Grund dafür in der Schwachheit des menschlichen Verstandes zu suchen: Das reine Licht göttlichen Seins ist uns nur unter vielen, es brechenden Farben zugänglich. Weil aber die Vollkommenheit Gottes, der „sein ganzes Sein zugleich ist" (Comp I, 8), die Defekte, die das potentielle Seiende prägen, ausschließt, können wir mit Thomas folgende Vollkommenheiten Gottes schlußfolgern:
Gott ist schlechthin einzig (Comp I, 15) und vollkommen einfach (Sth Ia q.3 a.6). Aus dieser einzigartigen Einfachheit, die mit der größtmöglichen Seinsfülle in eins fällt, folgt die absolute Vollkommenheitsfülle Gottes: Wer reiner Akt, absolute Verwirklichung ist, bei dem ist keine Vervollkommnung, die immer in einem Übergang von Möglichkeit zu Wirklichkeit besteht, möglich (Sth Ia q.4 a.1). Wo es aber keinen Übergang von der Potenz in den Akt, keinerlei Aufeinanderfolge, geben kann, ist auch keine Veränderlichkeit bzw. Geschichtlichkeit denkbar. Daher ist Gott absolut unveränderlich bzw. ewig. Das heißt nicht, daß er eine sehr lange Lebensdauer hätte, sondern vielmehr ist er in dem „vollkommenen Allzugleichbesitz endlosen Lebens" (Sth Ia q.9 a.1), wie Thomas mit Boethius feststellt. Weil alle von Gott verschiedenen Dinge, insofern sie Vollkommenheiten besitzen, diese Vollkommenheit durch Teilhabe innehaben, ist Gott auch das höchste Gut, das heißt das höchste Sein, insofern es von dem Willen als Ziel erstrebt wird

(Sth Ia q.4 a.6). Dieses Gutsein Gottes kennt, wie überhaupt sein Sein, keinerlei Beschränkung. Gott ist unendlich (Sth Ia q.7 a.1) und damit auch allgegenwärtig (Sth Ia q.8 a.1). Diese Allgegenwart darf man nicht darauf beschränken, daß Gott in seiner ganzen Schöpfung gleichsam wie ein Herrscher in seinem Reich an allen Orten durch seine Oberherrschaft immer zugleich (moralisch) gegenwärtig ist (Sth Ia q.8 a.3). Da er unendliche Kraft besitzt (Comp I, 19), reicht die Gegenwart Gottes viel tiefer: Sie beruht auf der von Thomas sehr intim gedachten Teilnahme des geschaffenen Seinenden am Sein Gottes.

Gott, der sein Erkennen und sein Wollen selbst ist

Wenn sich in Gott keine Zusammensetzung von Materie und Form findet, sondern er vielmehr völlig immaterieller, reinster Geist ist, muß er auch Erkennender sein (ScG I, 45; Sth Ia q.14 a.1). Je mehr sich das Erkennen jedoch von der Materie zu lösen imstande ist, um so vollkommener ist es. Folglich ist das Erkennen Gottes das allervollkommenste Erkennen überhaupt. Ja Gott „ist sein Erkennen selbst“ (Sth Ia q.14 a.4). Sachlich besteht in Gott eine volle Identität von Erkennen und Wesen. In ihm fallen unendliche Erkenntniskraft und vollkommene Erkennbarkeit zusammen. So kann Thomas sagen, daß Gott zuallererst eine umfassende (komprehensive), unendlich vollkommene Selbsterkenntnis besitzt (Sth Ia q.14 a.3). Er ist das erste und eigentliche Objekt seines Erkennens, denn er erkennt sich selbst unmittelbar ohne die Vermittlung irgendwelcher Erkenntnismedien, auf die der Mensch bei seinem Erkennen von Natur aus angewiesen ist (Sth Ia q.14 a.2; Sent I, 4, 49, 2, 1 ad 15). Alle außergöttlichen, von ihm geschaffenen Dinge jedoch sieht Gott von Ewigkeit her in seinem eigenen Wesen: „Demnach ist also zu sagen, daß Gott sich selbst schaut in sich selbst, weil er sich selbst durch seine Wesenheit schaut. Alles Außergöttliche aber schaut er nicht in diesem, sondern

in sich selbst, sofern seine Wesenheit das Urbild der außergöttlichen Dinge enthält“ (Sth Ia q.14 a.5).
Mit diesem Grundgedanken kann Thomas zunächst die Unabhängigkeit und absolute Freiheit Gottes vor allem Außergöttlichen gewährleisten. Keine geschaffene, äußere Ursache wirkt auf sein Erkennen ein, was Gott ja zu einem von seiner Schöpfung determinierten Wesen machen würde (Ver 2, 14). Gott erkennt die Dinge nicht, weil sie sind, sondern die Dinge sind in der Zeit, weil sie Gott in der Ewigkeit erkennt. Gottes Wissen ist notwendig die Ursache der Dinge und wird darum auch bestimmendes Wissen *(scientia approbationis)* genannt. Hier hat die ganz eigene Ideenlehre des Aquinaten ihren ursprünglichen Platz: Wenn die Welt kein Zufallsprodukt sein soll, muß es einen festen Plan für sie geben, müssen ihr zugrundeliegende Ideen existieren. Diese haben in Gott ihre Ursache, insofern das Wesen Gottes und die Ideen wieder real identisch sind (Sth Ia q.15 a.2). Für Gott sind diese Ideen das Erkenntnisprinzip, durch das er alles Außergöttliche erkennt, für die konkret verwirklichten Einzeldinge die Urbilder. Daher kann man auch sagen, daß Gott die Wahrheit, als die perfekte Übereinstimmung von Sein und Erkennen bzw. Sache und Verstand, selbst und so Quelle und Maßstab aller geschöpflichen Wahrheit ist (Sth Ia qq.15–16). Daraus ergibt sich auch die Vorstellung, daß der objektiven Wahrheit (der Dinge) aufgrund der Unwandelbarkeit des göttlichen Seins, das mit dem Wahren zusammenfällt, eine gewisse Unveränderlichkeit und Unabhängigkeit von der Zeit zukommt (Sth Ia q.16 a.7–8). Der Wahrheitsbegriff wird bei Thomas ganz theozentrisch und objektivistisch aufgefaßt.
Weiterhin wahrt dieser Gedanke auch die Unveränderlichkeit und Ewigkeit Gottes. Gott weiß alles auf einmal in jenem einen, unteilbaren, reinen Akt, der er selbst ist. Gleichsam in dem an Seinsfülle nicht zu überbietenden einen Blick der Unendlichkeit erkennt er alles vollkommen. Alles, was einmal war, ist, sein wird und sein könnte, aber vielleicht niemals sein wird, sieht Gott in allen Einzelheiten mit unfehlbarer Sicherheit in diesem einen Akt ständig gegenwärtig. Ein diskursives

Denken, ein Hinzulernen, Vorahnen, Erinnern usw., Dinge, die für das menschliche Erkennen fundamental sind, finden sich in Gott daher in keiner Weise (Sth Ia q.14 a.7; ScG I, 55–57): „Alles, was in der Zeit verwirklicht wird, wird von uns im Nacheinander der Zeit erkannt, von Gott aber in seiner Ewigkeit, die über alle Zeit ist“ (Sth Ia q.14 a.13).
Was für das Erkennen Gottes gesagt wurde, gilt für Thomas auch für sein Wollen. Denn „der Wille folgt dem Verstand“ (Sth Ia q.19 a.5). Weil Gott das allervollkommenste Geistwesen ist, hat er auch einen Willen von höchster und unendlicher Vollkommenheit (ScG I, 88). Wie sein Erkennen so ist auch sein Wollen von Außergöttlichem gänzlich unabhängig. „Da nämlich der Wille Gottes sein Wesen ist, wird er niemals von etwas Außergöttlichem bewegt, sondern er bewegt sich selbst“ (Sth Ia q.19 a.2 ad 3). Insofern ist er absolut unveränderlich. Ohne jedes Nacheinander will er alles, was in der Zeit in Mannigfaltigkeit geschieht, in dem einen, unteilbaren, ewigen Akt, in dem er sich selbst notwendig will und liebt (Sth Ia q.19 a.5). Wie bei seinem Erkennen, so läßt sich für sein Wollen sagen: Nicht die geschaffenen Dinge, auch nicht die freien Handlungen der vernünftigen Wesen, wirken auf das Wollen Gottes ein und bestimmen dieses, vielmehr ist der ohne eine ihm vorausgehende Ursache fest bestehende Wille Gottes die unfehlbar wirkende Ursache für alle Dinge (Sth Ia q.19 a.4–6). Wenn Thomas also feststellt, daß es auf der Welt mehr und weniger gute Dinge gibt, so hat diese Ungleichheit ihre letzte Ursache in der unterschiedlichen Zuneigung Gottes. Während wir Menschen etwas deshalb mehr lieben, weil es besser und schöner ist als das andere, ist es bei Gott genau umgekehrt: Jedes Ding ist deshalb in einem Maße gut und schön, weil es von Gott in eben jenem Maße geliebt wird. Von Gott, der für Thomas „einiges mehr als das andere liebt: denn da die Liebe die Ursache für die Güte einer Sache ist, so wäre das eine nicht besser als das andere, wenn Gott nicht dem einen ein größeres Gut wollte als dem anderen“ (Sth Ia q.20 a.3).
Diese zwar mit großer Schlüssigkeit im Denken des Thomas stehende, doch unser heutiges Denken der Egalität zunächst

sehr befremdende Vorstellung führt uns zu einer in der heutigen Theologie weithin verschämt verschwiegenen Lehre. Jener von der Vorsehung und Vorherbestimmung.

Die Wenigen, die ins Buch des Lebens eingetragen sind …

Unter Vorsehung versteht Thomas einen in Gottes Ewigkeit unabhängig von aller Zeit bestehenden Plan der Hinordnung aller Dinge auf ihr letztes Ziel und die im Dienst dieses Zieles stehenden vorläufigen Ziele (Sth Ia q.22 a.1; Ver 5, 1 ad 1). Da, wie wir oben bereits sahen, „Gott durch seinen Verstand Ursache aller Dinge ist und da auf diese Weise das Wesensbild einer jeden seiner Wirkungen irgendwie in ihm vorherbestehen muß, ist es notwendig“ (ebd.), daß ein solcher Plan tatsächlich existiert. Wie Gott alles vollkommen erkennt, so unterliegt auch alles bis in alle Einzelheiten seiner Vorsehung (Sth Ia q.22 a.2). Wie ein König sich bei der Ausführung seiner Pläne der Diener bedient, so nimmt Gott als erste Ursache aller Dinge bei der Ausführung dieses Planes in der Zeit die von ihm geschaffenen Zweitursachen in seinen Dienst. Dies nicht „wegen eines Mangels seiner Kraft, sondern wegen der Überschwenglichkeit seiner Güte, um auch die Geschöpfe an der Würde der Ursächlichkeit teilnehmen zu lassen“ (Sth Ia q.22 a.3). Nicht nur, daß die Vorsehung Gottes den Menschen an dem göttlichen Plan teilnehmen läßt, sie erlegt auch nicht allen von Gott gegenwärtiggeschauten Dingen automatisch Notwendigkeit auf. Ist doch das hauptsächliche Gut der Vorsehung die Vollkommenheit des Weltalls. Zu dieser Vollkommenheit gehört es aber, daß sich in ihm alle Stufen des Seienden, also sowohl notwendige wie auch freie, finden. Die Vorsehung hebt die Freiheit des Menschen bei Thomas gerade nicht – wie im Fatalismus – auf, sondern ermöglicht sie erst. Wo die Vorsehung sich auf das ewige Heil oder Unheil des vernünftigen Geschöpfes bezieht, wird sie zur Vorherbestimmung *(Prädestination)*. Die Vorherbestimmung ist „ein bestimmter Plan der Hinordnung einiger zum ewigen Heil, der im göttlichen Geist besteht“ (Sth Ia q.23 a.1). Da die Vorherbestimmung ein Teil der Vorsehung ist, gilt verhältnisentsprechend wieder, was schon zum Verhältnis der Güte der geschaffenen Dinge und dem Wohlwollen Gottes gesagt wurde: „Auserwählung und Liebe haben demnach in uns und in Gott eine andere Ordnung; aus dem Grunde, weil in uns nicht der Wille durch die Liebe das Gute verursacht, sondern weil wir aus dem Vorherbestehenden Gut erst zur Liebe angeregt werden. Deswegen erwählen wir uns jemand, den wir lieben wollen. Auf diese Art und Weise tritt in uns die Erwählung vor die Liebe. Bei Gott jedoch ist es umgekehrt … Darum werden, wie Augustinus sagt, ‚auserlesen von Gott, die noch nicht Dasein haben‘ …“ (Sth Ia q.23 a.4) Im Unterschied zu Calvin und auch einigen katholischen Theologen der Neuzeit, die später über das Fehlen dieser klaren Differenzierungskraft stolpern werden, unterscheidet Thomas in seiner Prädestinationslehre klar zwischen dem Akt der *Prädestination* zum Heil und der Verwerfung (*Reprobation*): Während Gott die zum Heil Vorherbestimmten vor aller Zeit, allein verursacht durch seine Güte und nicht durch deren vorhergesehenes Verhalten, zum ewigen Leben aktiv erwählt, will er zugleich nur zulassen, daß einige dieses Ziel verfehlen. Er will aber „zulassen, daß jemand in Schuld stürzt, und für die Schuld die Strafe der Verdammung verhängen“ (Sth Ia q.23 a.3). Wie die Vorsehung, so zieht auch die Vorherbestimmung „vollkommen gewiß und unfehlbar ihre Wirkungen nach sich“ (Sth Ia q.23 a.6). Daher steht auch die Zahl der Vorherbestimmten in Ewigkeit fest. Mit einem Bild der Heiligen Schrift (Sir 24,32) sagt Thomas, daß die, die „auf Grund göttlicher Vorherbestimmung zum ewigen Leben bestimmt sind, für immer ins Buch des Lebens eingetragen sind“ (Sth Ia q.24 a.3). Thomas gibt sich jedoch – ganz im Unterschied zu vielen anderen Theologen des Mittelalters – keinen Spekulationen über diese Zahl hin. Dennoch geht er mit einer erstaunlichen Sicherheit davon aus, daß „die Geretteten in der Minderzahl“ (Sth Ia q.28 a.7) sein werden.

Nach dem Schweizer Reformator **Jean Calvin** (1509–64) bestimmt Gott die Menschen nicht nur zum Guten, sondern auch aktiv zum Bösen. Er hat sogar einen bestimmten Teil der Menschheit nur dazu geschaffen, das Böse zu tun.

Als Kronzeuge für den Heilsoptimismus oder gar Allerlösungstheorien taugt Thomas in keiner Weise.
Auch hier könnte man auf den ersten Blick meinen, die Prädestinationslehre des Aquinaten zerstöre die Freiheit des Menschen. Doch Thomas antwortet auf diesen Einwand: Wie Wissen und Wille Gottes das Zufallhafte in den Dingen trotz ihrer Unfehlbarkeit nicht aufheben, sondern erst ermöglichen, so wird die Willensfreiheit der vernünftigen Geschöpfe von der Prädestination nicht aufgehoben, sondern in ihrer spezifischen Eigenart erst in Dienst genommen. Auch das Verdienst wird durch die Vorherbestimmung nicht überflüssig. Wie die Vorsehung die Zweitursachen nicht ausschaltet, so „wird auch jemandes Heil von Gott so vorherbestimmt, daß alles, was dem Menschen zum Heile förderlich ist, unter die Anordnungen der Vorherbestimmung fällt; seien es eigene Gebete oder die anderer, seien es gute Werke oder sonst derartiges, ohne das niemand das Heil erlangt“ (Sth Ia q.23 a.8).
Doch eine letzte Frage bleibt noch: Warum erwählt Gott einige, ohne einen Grund in den Erwählten und will zugleich mit einem unfehlbaren Wollen zulassen, daß alle Nichterwählten ewig verloren gehen? Thomas versucht darauf, ausgehend vom Römerbrief (Röm 9,22), eine Antwort zu geben: „Gott wollte an einigen Menschen, die Er vorherbestimmt, seine Güte in Form der Barmherzigkeit zeigen durch Schonung; an anderen, die er verwirft, in der Form der Gerechtigkeit durch Bestrafung. Das ist der Grund, warum Gott einige auserwählt und einige verwirft“ (Sth Ia q.23 a.5). Doch Thomas scheint um die Begrenztheit dieser Antwort gewußt zu haben, denn einige Zeilen weiter lesen wir: „Warum er jedoch die einen zur Verherrlichung auserwählt, die anderen verwirft, hat seinen Grund allein im göttlichen Willen. Daher sagt Augustinus: *Warum er den einen [ins Reich seiner Gnade] zieht, den anderen nicht, darüber urteile lieber nicht, wenn du nicht irren willst*“ (Sth Ia q.23 a.5).
Dort, wo die Spekulation des Thomas am weitesten in das Geheimnis Gottes vorgedrungen ist, scheint dieser zu erkennen, wie wenig es letztlich doch wieder ist, was wir von Gott wissen können. Demütiges Schweigen ist die angemessene Ant-

wort auf diese Einsicht – jene Antwort, die Thomas selbst radikal am Ende seines Lebens existentiell gegeben hat.
Überblickt man noch einmal den gesamten Traktat der Summa über den einen Gott, so wird einem bewußt, wie sehr dieser gleichsam eine feste alles bestimmende Mitte hat und mit einer atemberaubenden eisernen Konsequenz aus einer Grundintuition fließt: Gott ist das subsistierende Sein selbst.

„Unter allen Dingen, die eins genannt werden, ist die Einheit der Dreifaltigkeit das höchste"

Nachdem Thomas in seiner *Summa theologiae* in 26 Quaestionen über den einen Gott *(De Deo uno)* gehandelt hat, kommt er in einem eigenen Traktat (Sth Ia qq.27–43) auf Gott, den Dreifaltigen *(De Deo trino),* zu sprechen. Man hat Thomas in bestimmten Teilen der jüngeren Theologie deshalb zum Vorwurf gemacht , er habe mit seiner klaren Trennung der beiden Traktate den organischen Zusammenhang zwischen der philosophischen und der dogmatischen Gotteslehre zerrissen und so der Vernunftreligion der Aufklärung unfreiwillig den Weg bereitet. Nach ausführlichen Forschungen zu dieser Frage wissen wir aber heute, daß Thomas in der Aufteilung der beiden Traktate nicht originell ist, sondern sich einfach einer in der Theologie seiner Zeit gebräuchlichen, in der Frühscholastik entstandenen Methode bedient. Wie er sich generell hier auf weite Strecken der Trinitätslehre Augustins anschließt, nicht ohne diese freilich an dunklen und unklaren Stellen mit Hilfe einer klareren philosophischen Konzeption aufzuhellen. Zum anderen ist unschwer zu erkennen, daß die in den ersten 26 Quaestionen angestellten Gedanken nicht einfach einer rein philosophischen Gotteslehre zuzuordnen sind. Hier wird bereits, wenn auch ausgestattet mit einer eminent metaphysischen Spekulation, eigentliche Theologie betrieben. Deshalb stellt Otto H. Pesch treffend fest, daß die Trennung

Die bekannteste Kritik an Thomas bezüglich der **Trennung der beiden Traktate** kam von: Karl Rahner, *Der dreifaltige Gott als transzendenter Urgrund der Heilsgeschichte,* in: *Mysterium Salutis,* hrsg. v. Johannes Feiner u. Magnus Löhrer, Bd. 2 1967, S. 317–368.

der beiden Traktate bei Thomas lediglich didaktische Gründe hat (Pesch, S. 183). Und in der Tat liegen zwischen den beiden Abhandlungen zahlreiche Verbindungslinien. Am vielleicht prägnantesten und daher eindrucksvollsten bei der Behandlung der Einheit Gottes, wo Thomas den hl. Bernhard von Clairvaux zitiert: „Unter allen Dingen, die eins genannt werden, ist die Einheit der Dreifaltigkeit das höchste" (Sth Ia q.11 a.4). Die wichtigste Verbindungslinie jedoch ist die Tatsache, daß Thomas, im Unterschied zu den anderen bedeutenden Theologen des Mittelalters, die Wirklichkeit des dreifaltigen Gottes nicht vom Begriff des Guten, sondern von seinem Seinsbegriff her deutet. Das höchste Wesen, zu dem die Vernunft auf den fünf Wegen emporgestiegen ist, das sie als das „für-sich-seiende Sein selbst" erkannt hat, ist kein anderes als jener, der sich seinem Knecht Moses als der „Ich bin" und im neuen Bund als der eine Gott in drei Personen geoffenbart hat. Typisch für die gesamte abendländische Theologie sucht Thomas folglich in der göttlichen Wesenheit seinen Ausgangspunkt, um von dort aus dann die Dreipersönlichkeit zu deuten. Und doch bleibt zwischen den zentralen Aussagen in den ersten 26 Quaestionen der Prima auf der einen und dem Geheimnis der Trinität auf der anderen Seite ein unbedingt im Blick zu haltender Unterschied. Kurz und klar formuliert ihn Thomas in seinem *Compendium Theologiae:* Während das Wesen, die Perfektionen sowie das Handeln Gottes bereits die „Philosophen der Heiden scharfsinnig, wenn auch teilweise mit Irrtümern durchsetzt, erwogen haben", ist es mit dem nun Folgenden anders: „Es wird uns aber in der Lehre der christlichen Religion noch anderes über Gott mitgeteilt, wozu sie [die Philosophie aus sich] nicht gelangen kann, worüber wir aber gemäß dem christlichen Glauben über menschlichen Sinn hinaus unterrichtet werden, nämlich daß Gott, obwohl er ein einziger und einfach ist ..., dennoch Gott Vater und Gott Sohn und Gott Heiliger Geist ist, und diese drei nicht drei Götter, sondern ein einziger Gott sind" (Comp I, 36). Der Theologe ist also hier unausweichlich auf

Bernhard von Clairvaux: Heiliger, Buß- und Kreuzzugsprediger und Kirchenlehrer des 11. Jhs. Wegen seiner von einer mystischen Salbung durchdrungenen theologischen Schriften trägt er den Ehrentitel *Doctor melifluus,* honigfließender Lehrer.

die Lehre der Kirche verwiesen. Ein knappes Jahrzehnt vor der Geburt des Thomas hatte das 4. Laterankonzil – gegen einige Irrlehrer die Lehrtradition der Kirche mit den Worten des Petrus Lombardus zusammenfassend – definiert, „daß es nur Einen Gott gibt: den Vater, den Sohn und den Heiligen Geist: drei Personen, aber eine Wesenheit, Substanz und ganz einfache Natur" (DH 803).

Zwischen diesen beiden Polen ist der Traktat des Aquinaten über die Dreieinigkeit ausgespannt; dem Bewußtsein, daß die Trinitätslehre „einzig im Glauben zu fassen und auf keine Weise beweisbar ist" (Trin 1, 4), und zugleich der Überzeugung, daß der eine Gott, zu dem die Vernunft vordringen kann, kein anderer ist als der dreifaltige Gott der Offenbarung.

Wir haben bereits gesehen: Aus der Lehre von Gott als *ipsum Esse substistens* folgt schlüssig, daß Gott sein Verstehen selbst ist und er sich vollkommen selbst erkennt. Wie aber Gott sich selbst umfassend erkennt, so liebt er sich selbst vollkommen. „Das verstandene Gute ist nämlich an sich liebenswert" (Comp I, 45). Thomas folgt ganz der psychologischen Trinitätslehre Augustins, wenn er diesen Gedanken mit der Trinitätslehre der Offenbarung zusammenbringt. Aus vollkommener Erkenntnis und perfektem Wollen folgen zwei dem Ursprungsprinzip ganz innere Hervorgänge *(processiones),* des Wortes *(Logos),* von Ewigkeit her gesprochen, als geistiger Ausdruck des vollkommenen göttlichen Erkennens, und der Liebe (Sth Ia q.27 a.1–5).

Gott versteht sich selbst vollkommen, zugleich ist aber – nach der aristotelisch-thomistischen Erkenntnislehre – das Verstandene immer im Verstehenden, letzteres bei Gott in perfekter Weise. Das im Verstehenden befindliche Verstandene bezeichnet Thomas „als eine Art Wort des Verstandes. Das nämlich bezeichnen wir durch das äußere Wort, was wir innerlich mit dem Verstand erfassen ... Also muß man in Gott ein Wort annehmen" (Comp I, 37). Der Verstand empfängt das zu Verstehende gleichsam wie der Schoß der Frau das Kind. Wenn aber, wie in Gott, „der Verstand sich selbst versteht, verhält sich das empfangene Wort zum Verstand wie das Kind zum Vater"

(Comp I, 39). Diese sich (im Hinblick auf ihren bildlichen Teil) aus den biologischen Auffassungen seiner Zeit speisenden Überlegungen des Thomas treffen sich mit der Lehre der Kirche, die die Existenz von Gott Vater und dem von ihm geistiger Weise vor aller Zeit gezeugten Sohn, den der Prolog des Johannesevangeliums als das Wort *(Logos)* bezeichnet, bekennt (Comp I, 40). Dennoch handelt es sich nicht um zwei Götter. „In Gott sind Sein und Verstehen ja dasselbe. Also besitzt das Wort Gottes, das in Gott ist, dessen Wort es dem verstehbaren Sein nach ist, dasselbe Sein wie Gott, dessen Wort es ist. Und so ist es notwendig, daß es desselben Wesens und derselben Natur ist wie er und daß alles, was immer von Gott ausgesagt wird, dem Worte Gottes zukommt" (Comp I, 41).

Analog dazu gestalten sich die Ausführungen des Aquinaten zum Heiligen Geist. Gott liebt sich selbst vollkommen, also „ist Gott in sich selbst wie das Geliebte im Liebenden" (Comp I, 45). Dies drücken wir dadurch aus, daß „wir vom Geist sprechen, der die Liebe Gottes ist" (Comp I, 46). Die Liebe gründet jedoch immer sowohl auf dem Liebesvermögen des Liebenden als auch auf dem erkannten Liebenswerten im Geliebten. Deshalb gilt: „Wie der Sohn das Wort des Vaters, so ist der Heilige Geist die Liebe des Vaters und des Sohnes und deshalb geht er aus beiden hervor; und wie das Wort gleicher Wesenheit mit dem Vater ist, so auch die Liebe mit dem Vater und dem Sohn; und deshalb heißt es [im Glaubensbekenntnis] ‚der vom Vater und vom Sohne ausgeht'" (In Apost. 8,4).

Wie läßt sich nun die Dreizahl im Göttlichen mit der absoluten Einheit und Einfachheit des göttlichen Wesens denkerisch vereinbaren?

Hier gilt der die ganze Trinitätslehre des Aquinaten als Leitmotiv durchziehende Grundsatz: In Gott ist alles eins, wo nicht ein Gegensatz der Beziehung (*Relation*) entgegensteht (Sth Ia q.40 a.2). Die Hervorgänge des Erkennens und Liebens lassen aber zwischen dem Ursprungsgrund und den Hervorgängen reale, d.h. nicht nur logisch-gedachte, innergöttliche Beziehungen (*Relationen*) bestehen. Obgleich das Sein dieser Beziehungen, da Gott ganz eins ist, mit dem der göttlichen Wesenheit vollkommen identisch sein muß, sind die Relationen real voneinander unterschieden (Sth Ia q.28 a.3).

Auf der Basis des realen Unterschiedes von zwei Hervorgängen muß man vier innergöttliche Beziehungen annehmen: Die Vaterschaft des Zeugenden *(paternitas),* die Sohnschaft des Gezeugten *(filiatio),* die aktive Liebeshauchung des Vaters und des Sohnes und schließlich das Gehauchtwerden *(spiratio),* d.h. den passiven Hervorgang des Heiligen Geistes aus Vater und Sohn (Sth Ia q.28 a.4). Die realen Beziehungen der Vaterschaft, Sohnschaft und Hauchung berechtigen tatsächlich die theologische Vernunft mit der Lehre der Kirche, von drei Hypostasen in dem einen Gott bzw. einer Dreipersönlichkeit Gottes zu sprechen. Denn die Personen sind nichts anderes als die innergöttlichen Beziehungen, insofern sie unmittelbar sind und für sich bestehen (Sth Ia q.40 a.1). Die Personen werden durch die Relationen sachlich begründet (Pot. 8, 3): „Weil also die Unterscheidung im Göttlichen auf Beziehungen gründet, die keine Akzidenzien sind, sondern subsistieren, eine Unterscheidung von Wirklichkeiten aber, die in irgendeiner verstandlichen Natur subsistieren, personhaft ist, muß durch die vorher genannten Beziehungen in Gott eine personhafte Unterscheidung begründet werden. Also sind der Vater und der Sohn und der Heilige Geist drei Personen und ebenso drei Hypostasen, weil Hypostase irgendein vollständiges Subsistierendes bezeichnet“ (Comp I,55).

Der a. d. Griechischen stammende Begriff **Hypostase** meint in unserem Zusammenhang dasselbe wie Person. Wörtlich übersetzt meint er das „Darunterstehende“ und betont so die Eigenschaft der Person als Subjekt selbständiger Träger aller der Person sekundär zukommende Eigenschaften (etwa männlich, Künstler, jung) zu sein.

Folglich sind die Relationen vom Wesen Gottes nur im Denken (virtuell) zu unterscheiden, untereinander sind sie aber real verschieden. Die Zeugung ist eben nicht identisch mit der Hauchung, der Sohn ist nicht der Heilige Geist.

Die denkerisch so gestaltete Trinitätslehre gewährleistet auf meisterliche Art, daß jede der drei Personen mit dem Wesen Gottes real identisch ist und so die Einheit Gottes gewahrt bleibt, zugleich die Personen untereinander jedoch durch die real verschiedenen Relationen ebenfalls real verschieden bleiben. Genau dies hatte sich aber Thomas unbedingt zum Ziel gesetzt. Dafür nimmt er auch ein mühsames, für uns zum Teil nur unter Inkaufnahme großer Anstrengung des Begriffs nachvollziehbares Ringen um den korrekten Ausdruck in Kauf. Sehr schön wird dies dort deutlich, wo er sich in der Trinitätslehre die Worte seines wichtigsten theologischen Kronzeugen, Augustinus, zu eigen macht: „Nirgendwo ist der Irrtum gefährlicher, nirgendwo das Suchen mühevoller, nirgendwo das Finden fruchtbringender" (Sth Ia q.31 a.2).

Die Einwohnung des dreifaltigen Gottes im Menschen

Schaut man noch einmal auf das bisher zur Gotteslehre des Aquinaten Ausgeführte zurück, wird deutlich, daß Thomas gegenüber der anthropozentrischen Wende der Theologie in der Neuzeit seine Theologie gerade nicht beim Menschen beginnen läßt, sondern zuallererst Gott, wie er in sich ist, ausführlich betrachtet wird. – Zunächst völlig unabhängig von seiner Gegenwart in der Schöpfungs- und Erlösungsordnung. In der letzten Quaestion seines Trinitätstraktates in der theologischen Summe jedoch (Sth Ia q.43) wird eine Verbindung von der Gottes- hin zur ihr folgenden Schöpfungslehre hergestellt. Und zwar mit der Lehre von der Sendung der ewigen göttlichen Personen in die geschaffene Welt. Die unendliche Fruchtbarkeit des ewigen innertrinitarischen Lebens beginnt sich in die Zeitlichkeit hin auszubreiten.
Daß es eine solche Sendung geben muß, sieht Thomas durch das Johannesevangelium (Joh 8,16) gewährleistet, wo im Hinblick auf Gott von einer Sendung gesprochen wird. Das Besondere an diesen Sendungen ist, daß sie nicht, wie Zeugung und Hauchung, ein innergöttlicher und daher rein im Ewigen verbleibender Hervorgang sind, sondern im Göttlichen nur zeitlich ausgesagt werden können. Thomas betont aber sofort, daß deshalb auf keinen Fall durch diese Sendung eine Veränderung in Gott eintritt. Von Zeitlichkeit kann hier nur insofern die Rede sein, als sich das Geschöpf durch diese Sendung wan-

delt. Der ewige Hervorgang als Ursache hat lediglich eine zeitliche Wirkung (Sth Ia q.43 a.2).

Damit Gott in der erwählten Seele des Menschen über seine allgemeinnatürliche, allen Menschen zuteil werdende Gegenwart hinaus in spezieller, übernatürlicher Weise wohnen kann, bereitet er sich diese durch das vor, was Thomas mit der Theologie seiner Zeit als die „heiligmachende Gnade“ bezeichnet. Diese macht den Menschen fähig, den bei ihm wohnenden Gott zu erkennen und zu lieben, und sozusagen erfahrungsgemäß *(cognito quasi-experimentalis)* seine Gegenwart zu erleben (Sth Ia q.43 a.3). Da die Sendung gleichsam eine Fortsetzung der ewigen Hervorgänge ist (Sth Ia q.43 a.2), kommt es nicht allen drei Personen zu, gesandt zu werden. Durch die heiligmachende Gnade wohnt zwar „die ganze Dreifaltigkeit im Geist des Menschen, gemäß Joh 14,23: ‚Wir werden kommen und Wohnung bei ihm nehmen.‘ Daß aber eine göttliche Person zu einem durch eine unsichtbare Gnade gesandt wird, bedeutet eine neue Weise des Einwohnens jener Person und ihren Ursprung von einem anderen. Da es also sowohl dem Sohne wie dem Heiligen Geiste zukommt, einerseits durch die Gnade einzuwohnen, anderseits von einem anderen zu sein, deshalb kommt es einem jeden der beiden zu, unsichtbar gesandt zu werden. Dem Vater jedoch kommt es zwar zu, durch die Gnade einzuwohnen, nicht aber, von einem anderen zu sein, also auch nicht: gesandt zu werden“ (Sth Ia q.43 a.5).

Gottes Vorsehung sorgt für alle Geschöpfe nach der ihnen entsprechenden Weise, der Mensch wird aber aufgrund seiner leibseelischen Natur vom Sichtbaren zum Unsichtbaren geführt. Daher wollte Gott die Sendungen des Sohnes und des Geistes auch in sichtbarer Weise manifestieren. In der Menschwerdung, die uns den Urheber der Heiligung zeigt, und der Eingießung des Heiligen Geistes, als der Gabe und dem Zeichen dieser Heiligung, am Pfingstfest ist dies tatsächlich geschehen (Sth Ia q.43 a.7).

„... nirgendwo ist das Finden fruchtbringender"

Der Eindruck einer sehr hohen, weit vom Menschen abgehobenen, zudem sehr stark metaphysisch ausgebauten Systematik, den die Trinitätslehre des Thomas vielleicht heute erweckt, wird mit der Lehre des Aquinaten von der geistigen Einwohnung Gottes im Menschen in gewissem Sinne modifiziert. Dies nicht deshalb, weil Thomas etwa das Bedürfnis hätte, nun doch noch etwas für die fromme Nutzanwendung an seine Überlegungen anhängen zu müssen. Er ist vielmehr fest überzeugt, daß schon die sehr spekulativen Ausführungen der unverzichtbare von der Liebe des Geistes gesättigte Reflex auf die Offenbarung der innergöttlichen Geheimnisse, sind, die einen Erweis höchster Güte und Liebe von seiten Gottes darstellt (ScG I, 5).
Dennoch wird hier in der letzten Quaestion der Gotteslehre intensiv der in das innertrinitarische Liebesleben integrierte Mensch in den Blick genommen. Dadurch bildet Thomas nicht nur eine Brücke hin zur Lehre von der Schöpfung, der Gnade, und von Christus bis hin zur beseligenden Anschauung des dreifaltigen Gottes in der ewigen Seligkeit. Seine hier entwickelte Lehre von der übernatürlichen Einwohnung dreifaltigen Gottes in der Seele des begnadeten Menschen wurde, wie schon zu Beginn des vergangenen Jahrhunderts der große französische Thomist Réginald Garrigou-Lagrange aufgezeigt hat, auch zum Wurzelboden für die schönen Blüten und Früchte, die die Mystik, besonders des Dominikaner- und Karmeliterordens, in denen die thomistische Trinitätslehre schnell zur allgemein vertretenen Doktrin wurde, hervorgebracht hat.

RÉGINALD GARRIGOU-LAGRANGE, *Mystik und christliche Vollendung*, 1927, S. 458–462.

Der Hervorgang der Geschöpfe aus Gott

Thomas ist, und nirgendwo zeigt sich dies deutlicher als in seiner theologischen Summe, ein vollkommener Systematiker. So folgt die Schöpfungslehre nicht einfach der Gotteslehre wie man einen Eisenbahnwagen hinter den anderen hängt. Wie bereits jeder Artikel des Traktats über Gott den Einen und Dreieinen durch ein großes Leitmotiv zusammengehalten wurde, so ist es auch hier wieder dieses Leitmotiv, das die Schöpfungslehre in einen synthetischen Zusammenhang mit der Gotteslehre im engeren Sinne stellt: Gott ist das für sich seiende Sein selbst.

Was schon Plato und Aristoteles wußten: Die Schöpfung aus dem Nichts

Schöpfung nennt man den „Ausgang alles Seienden aus der umfassenden Ursache" (Sth Ia q.45 a.1). Schöpfung meint, daß alles, was ist, vollkommen und ohne Ausnahme von Gott stammt, von ihm verursacht ist, der, wie wir bereits sahen, als das für sich seiende Sein schlechthin auch die Ursache aller Ursachen sein muß. Nichts kann sich seiner absoluten *Erstursächlichkeit* entziehen. Aus dieser Grundidee folgen vier für das Denken des Thomas zentrale Einsichten:

Zunächst, daß Gott bei seiner Schöpfung nicht auf etwas schon zuvor, unabhängig von dieser Schöpfung Vorhandenes zurückgreift. So wie etwa ein Künstler ein schon bestehendes Material, zum Beispiel einen Marmorklotz, heranzieht, um diesem die von ihm gewollte Form zu geben, eine Statue zu schaffen. Während es Thomas selbst in seinen frühen Werken, beeinflußt von Avicenna und Petrus Lombardus, noch für möglich hielt, daß sich Gott bei der Schöpfung zusätzlicher Hilfsursachen bediente und die „alten Philosophen" annahmen, daß

Gott bei seinem Schaffen auf ein bereits vorhandenes „Urmaterial“ zurückgegriffen habe (Sth Ia q.44 a.2), lehnt dies Thomas in den späteren Schriften strikt ab. Gott ist „kreativ“ nicht wie ein menschlicher Künstler kreativ ist, sondern in absoluter Form. Er ist nicht auf irgend etwas unabhängig von ihm „vor“ der Schöpfung Liegendes angewiesen, sondern er schafft alles aus dem Nichts bzw. Nichtseienden (*creatio ex nihilo:* Sth Ia q.45 a.1). Er ruft die Dinge aus dem Nichtsein ins Dasein und ist so ihre *Wirkursache (causa efficiens).*
Aber auch bei der Idee, die dieser Schöpfung zugrunde liegt, ist zwischen dem menschlichen Künstler und Gott als Schöpfer ein alles entscheidender Unterschied. Der Künstler „bringt nämlich eine bestimmte Form in einem Stoff hervor auf Grund eines Vorbildes, auf das er schaut ... Es ist nun eine offensichtliche Tatsache, daß alles, was in der Natur wird, bestimmte Formen erlangt. Diese Bestimmtheit der Formen muß, als auf ihren Urgrund, auf die göttliche Wesenheit zurückgeführt werden. Denn sie hat die in der Verschiedenheit der Dinge bestehende Ordnung des Weltganzen ausgedacht. Deswegen müssen in der göttlichen Weisheit die Wesensgründe aller Dinge, die Ideen, enthalten sein.“ Diese uns in ihrer konkreten Verwirklichung in der Zeit als viele Ideen begegnenden Wesensgründe sind in Gott wieder ganz eins: „So ist also Gott das erste Vorbild aller Dinge“, die absolute *Vorbildursache (causa exemplaris)* seiner Schöpfung (Sth Ia q.44 a.3).
Gott ist zum dritten aber nicht nur die vorbildliche, sondern auch die *Zielursache* (*causa finalis*) seiner Schöpfung. Für Thomas ist es eine feststehende, aus der Erfahrung allgemein erhebbare Wahrheit, daß alles, was wirkt, wegen eines Zieles wirkt *(omne agens agit propter finem).* Das Ziel übt auf dieses Wirken eine gewisse Ursächlichkeit aus. Gott aber ist als das absolute Sein auch der absolut Erstwirkende. Dem Erstwirkenden aber, das keine Einwirkung von außen kennt und das selbst „nur wirkend ist, kommt keine Wirksamkeit zu, die auf die Erreichung eines Zieles geht, sondern es erstrebt nur, seine Vollkommenheit, das ist seine Gutheit, anderen mitzuteilen. Jedes Geschöpf aber strebt nach Erreichung der eigenen

Vollkommenheit, die eine Ähnlichkeit mit der göttlichen Vollkommenheit und Gutheit ist. So ist also die göttliche Gutheit das Ziel aller Dinge" (Sth Ia q.44 a.4).
Viertens hängt mit dem Gedanken der Schöpfung aus dem Nichts aufs engste die Vorstellung zusammen, daß alles Geschaffene seine Existenz nur durch Teilhabe, durch Partizipation besitzt. Wenn Gott das subsistierende Sein selbst ist und dieses Sein nur ein einziges sein kann, dann besitzt alles das, was in der Schöpfung aus Gott hervorgeht, zwar auch Sein. Aber es ist nicht sein eigenes Sein selbst, sondern es hat nur mitgeteiltes Sein, besitzt sein Sein nur durch Teilhabe: „Infolgedessen ist alles, was sich durch die verschiedene Teilhabe im Sein unterscheidet, so daß es mehr oder weniger vollkommen das Sein besitzt, notwendig verursacht von dem ersten Seienden, das auf vollkommenste Weise ist. Darum hat auch Plato gesagt, man müsse notwendig vor jeder Vielheit eine Einheit annehmen. Und Aristoteles sagt, was am meisten seiend und am meisten wahr sei, sei die Ursache jedes Seienden und jedes Wahren, wie das, was am meisten warm ist, die Ursache jeder Wärme ist" (Sth Ia q.44 a.1). Die Tatsache, daß, wie Thomas annimmt, bereits Plato und Aristoteles die Partizipation des geschaffenen am ungeschaffenen Sein erkannt haben, sowie die Einsicht, daß sich dieses Prinzip stringent aus der mit der bloßen Vernunft erkennbaren Eigenschaft Gottes als *ipsum Esse subsistens* herleiten läßt, bringt ihn zu der Position, daß es sich bei der Lehre von der Schöpfung aus dem Nichts um eine denknotwendige Vernunftwahrheit handelt: „Daß es eine Schöpfung aus Nichts gibt, hält nicht nur der Glaube fest, auch mit der Vernunft kann es bewiesen werden" (Sent II, 1, 1, 2).
Die starke Betonung der Totalerschaffung aller Dinge von Gott führt nicht nur zur Partizipationslehre, sie bringt es auch mit sich, daß die geschaffenen Dinge in jedem Augenblick ihres Daseins darauf angewiesen sind, daß der Schöpfer den Schöpfungsakt gleichsam unaufhörlich festhält. Die Geschöpfe müssen sozusagen unaufhörlich in direktem Kontakt mit der Quelle des Seins stehen, sonst würden sie sofort ins Nichts zurück-

sinken; etwa so wie eine Glühlampe sofort erlischt, sobald sie vom Stromkreislauf getrennt wird (Sth Ia q.104 a.1).
So ruft uns die ganze Schöpfung mit Paulus zu: „Was hast du, das du nicht empfangen hättest?" (1 Kor 4,7). Die passende Antwort des Menschen auf diese Einsicht sieht Thomas im Akt der Dankbarkeit, der realisiert, das wir alles, was wir haben, nur demütig aus der Hand Gottes entgegennehmen können (In Apost. 16, 1).

Die Schöpfung - ausgesprochen durch das ewige Wort des Vaters

Zwar kann die Tatsache der Schöpfung aus dem Nichts mit dem Licht der Vernunft erkannt und die Schöpfungslehre so, wie der niederländische Thomist Leo Elders meint, zum „krönenden Teil der Metaphysik" werden. Dennoch ist diese nicht einfach ein philosophischer Traktat, der, wie der schwedische Thomasforscher Piet E. Persson kritisiert, die biblische Schöpfungslehre durch eine „bibelfremde Metaphysik" ersetzt. Dies zeigt sich besonders an zwei, das bisher Ausgeführte ergänzenden Aspekten:

LEO ELDERS, *Die Metaphysik des Thomas von Aquin in historischer Perspektive*, Bd. II, 1987, S. 282.

PIET E. PERSSON, *Sacra doctrina. Reason and Revelation in Aquinas*, Oxford 1970, S. 297.

Wie bereits im Lebensabriß des Thomas gezeigt, hält dieser entgegen dem „theologischen Mainstream" seiner Zeit mit einer geradezu faszinierenden, fast schon halsstarrigen Energie daran fest, daß der zeitliche Anfang der Welt ein Glaubensgeheimnis und eben nicht auf rein philosophischem Wege zugänglich ist. Daß die „Welt nicht immer war, wird allein im Glauben festgehalten und kann nicht streng bewiesen werden, wie dies bereits auch von dem Geheimnis der Dreifaltigkeit gesagt wurde" (Sth Ia q.46 a.2). So wird uns diese Kenntnis nur dadurch zuteil, daß sie uns der göttliche Wille offenbar werden lassen will *(manifestari)* und wir auf diese Manifestation Gottes mit dem Akt des Glaubens antworten. Dies ist tatsächlich durch das erste Wort der Heiligen Schrift (Gen 1,1) geschehen, durch das wir erfahren, „daß Gott im

Anfang Himmel und Erde schuf" (Sth Ia q.46 a.3). Thomas gibt eine sehr tiefschürfende Auslegung dieses Bibelwortes, die auch schon den zweiten der genannten Aspekte ins Gespräch bringt: „Im Anfang" meint zunächst „in der Zeit", um den Irrtum der Ewigkeit der Welt auszuschließen. Denn die Zeit ist mit den Dingen miterschaffen.

„Im Anfang" heißt aber vor allem auch „im Sohne" (Sth Ia q.46 a.3). Die Überlegungen einer rein philosophischen Schöpfungslehre werden nun ganz verlassen und die Schöpfungstat wird in engsten Zusammenhang mit der Trinitätslehre gebracht. „Wie nämlich der Wirkgrund dem Vater zugeeignet wird wegen der Macht, so wird die Exemplarursächlichkeit dem Sohn zugesprochen wegen der Weisheit. Auf diese Weise wird die Stelle aus Psalm 104: *‚Alles hast du in der Weisheit erschaffen'* so verstanden, daß Gott alles im Anfang, das heißt im Sohne erschaffen hat, nach dem Apostel, der sagt (Kol 1,16): *‚In ihm'*, d. h. im Sohn, *‚ist das All gegründet'* " (Sth Ia q.46 a.3). Sehr interessant ist in diesem Zusammenhang eine kaum bekannte Stelle aus dem Kommentar zum Kolosserbrief: „Die Platoniker nahmen Ideen an, indem sie sagten, jegliches Ding entstehe kraft der Teilhabe an der Idee … An der Stelle dieser Ideen haben wir nur eine: den Sohn, das Wort des Vaters" (In Col. 1,4). Dieser Gedanke wird ausführlich schon im Trinitätstraktat der *Summa theologiae* entwickelt: Der Sohn trägt im Anschluß an den Prolog des Johannesevangeliums als bevorzugten Namen „Wort Gottes" *(Logos)*. Diese Bezeichnung bringt nicht nur die Beziehung des Sohnes zum Vater, sondern auch seine Beziehung zu der Schöpfung zum Ausdruck. Gott erkennt in einem einzigen Erkenntnisakt sich und zugleich die ganze Schöpfung. Sein einziges Wort ist so nicht nur Ausdruck des Vaters, sondern „in Bezug auf die Geschöpfe ist es Ausdruck und Tat zugleich. Deshalb heißt es im Psalm 32: *‚Er sprach und sie wurden gemacht'*; denn im Wort ist der schöpferische Grund mitgegeben in bezug auf die Dinge, die Gott macht." (Sth Ia q.34 a.3) In der Schöpfungslehre (Sth Ia q.45 a.6) wird die Frage nach dem Zusammenhang von Trinität und Schöpfung erneut aufgenommen: Wenn auch der Schöpfungsakt als solcher Gott aufgrund seines Seins und so allen Personen der Dreinigkeit gemeinsam zukommt, so wird doch den Personen aufgrund der innertrinitarischen Hervorgänge eine je andere Stellung in der Schöpfung zugesprochen: „Gott der Vater hat die Schöpfung gewirkt durch sein Wort, das ist der Sohn, und durch seine Liebe, das ist der Heilige Geist, und in diesem Sinne sind die Hervorgänge der Personen Gründe der Hervorbringung der Dinge, insofern sie die Wesensmerkmale in sich beschließen, das Wissen und den Willen" (Sth Ia q.45 a.6). Weil jede Wirkung immer auch von ihrer Ursache kündet und wie der Rauch vom Feuer kündet, so leuchtet in den vernunftbegabten Geschöpfen, die sich durch Verstand und Willen auszeichnen, die Dreifaltigkeit „in der Art einer Spur", eines entfernten Abbildes auf (Sth Ia q.46 a.7). Auf geradezu faszinierende Weise werden hier die ewigen innertrinitarischen Hervorgänge mit dem Schöpfungsakt in der Zeit und dem Menschen, der die Mitte der Schöpfungsordnung bildet, in einem großartigen Gedanken zusammengebracht.

Eine Welt der Ordnung

Unter den Thomisten gehört die folgende Episode zum Allgemeingut: In den 50er Jahren des vergangenen Jahrhunderts sollen Journalisten den bekannten Gelehrten Hans Meyer nach einer Preisverleihung gebeten haben, er möge doch für den modernen Leser das Denken des Aquinaten in einigen Sätzen kurz umreißen. Zur Freude der Journalisten und zum Schrecken seiner Kollegen von der philosophischen Fakultät antwortete Meyer, er brauche dazu keinen ganzen Satz, ein Ausdruck genüge ihm: Es sei der Gedanke der Ordnung *(ordo),* der die gesamte Synthese des Aquinaten am zentralsten auszeichne.

Hans Meyer (1884–1966) war von 1922–1955 Philosophieprof. in Würzburg. Bekannt wurde er neben seinen Thomas-Forschungen v. a. durch seine fünfbändige *Geschichte der abendländischen Weltanschauung,* Paderborn 1947–49.

Ob man Meyer in dieser Radikalität zustimmt oder nicht, der Gedanke der Ordnung ist tatsächlich für das Bild, das Thomas von dem Ergebnis der Schöpfungstat, der geschaffenen Welt, entwirft, grundlegend. Die Schöpfungslehre sagt uns eindeutig, daß es in dieser Welt nichts gibt, das nicht ausnahmslos von Gott stammt. Zugleich liest Thomas im Römerbrief (13,1), daß „alles, was von Gott stammt, geordnet ist" und er folgert: „Was immer aber von Gott ist, ist unter sich aufeinander und auf Gott hingeordnet" (Sth Ia q.47 a.4). Darin besteht die höchste Vollkommenheit des Alls, das ihm diese klare Ordnung zugrunde liegt (ScG III, 64). Die Wirklichkeit ist klar geordnet und von daher auch klar erkennbar, gestuft in ein festes Seinsgefüge, das sich von der untersten, noch ganz der Materie verhafteten Stufe der leblosen Dinge bis zur höchsten Ebene, dem Reich der reinen Geister, erstreckt (Sth Ia q.47 a.2).

Woher erhält nun eine jede Komponente ihren festen Platz in dieser Ordnung? Und wodurch werden diese Stufen zusammengehalten, so daß sie eine echte Synthese der Wirklichkeit bilden?

Die Ordnung der Schöpfung ist bestimmt durch ihren Schöpfer als ihrer umfassenden Ursache. Dieser ist aber als das Sein selbst erkannt worden. Es ist also eine Ordnung des Seins, in der die Dinge der Schöpfung organisiert sind. Dabei gilt dann: „Je höher der Rang, den ein Wesen im All innehat, desto mehr ist es notwendig, daß es teilhat an jener Ordnung, in welcher das Gut des Alls besteht" (ScG III, 90). Je größer das Maß des Seins ist, das das Geschöpf nicht aus sich hat, sondern an dem es sein Schöpfer, als die Quelle allen Seins, teilhaben läßt, um so höher steht es in dieser hierarchischen Ordnung. Dabei ist das Sein nicht als *univoker* (eindeutiger), sondern als *analoger* Begriff zu verstehen: Wenn wir sagen, daß der Mensch ist und daß Gott ist, so haben Gott und Mensch zwar gemeinsam zu sein, denn Gott ist der Schöpfer des Menschen und jener erhält von Gott sein Sein. Dennoch kann gar kein Zweifel sein, daß Gott anders seiend ist als der Mensch. In Gott ist dieses Sein in absoluter Fülle und ungeworden, im Menschen geworden und durch sein Wesen beschränkt. Das Sein, von dem wir hier reden ist also weder völlig identisch *(univok)* noch ist es so verschieden, daß beide Seienden ausschließlich die bloße Bezeichnung „sein" gemeinsam hätten *(äquivok)*; es besteht vielmehr eine Ähnlichkeitsbeziehung *(Analogie)*. Diese Analogie des Seins *(Analogia entis)* verhindert durch ihre Nähe und Distanz zusammenzuhaltende Grundstruktur ein vorschnelles undifferenziertes Reden und eine Vermenschlichung Gottes, zugleich hält sie den Menschen doch in der Nähe Gottes und verhindert so ein Auseinanderfallen von Schöpfer und Geschöpf.

Zur Analogielehre des Aquinaten vgl. KLAUS MÜLLER, *Thomas von Aquins Theorie und Praxis der Analogie*, 1983 und RALPH MC'INERNY, *The Logic of Analogy. An Interpretation of St. Thomas*, Washington 1961.

Die Ordnung, die Thomas in der Schöpfung verwirklicht sieht, ist nun nicht einfach völlig statisch in dem Sinne, daß jede Seinstufe eine eigene, für sich abgeschlossene Insel bilden würde. Sie ist ausgespannt zwischen einer nur begonnenen und einer noch ausstehenden Vollkommenheit (Sth Ia-IIae q.1 a.6). So strebt die Schöpfung von Natur aus zu ihrem Schöpfer, zur Vollendung, aus der sie hervorgegangen ist, zurück. Bei diesem Streben gibt es eine universale Solidarität der Seinstufen, denn darin „besteht die Ordnung der Dinge, daß die einen durch die anderen zu Gott geführt werden" (Sth Ia-IIae q.11 a.1). Gott könnte diese Führung von seiner Macht her auch völlig ohne das Zutun des Geschöpfes übernehmen, und doch tut er es nicht: „Es liegt also nicht an einem Mangel seiner Macht, wenn er durch Vermittlung seines Geschöpfes wirkt, sondern an dem Überschwang seiner Güte. Daher kommt es, daß er nicht nur dem Geschöpf mitteilt, in sich gut zu sein, sondern auch die Würde, für andere Ursache der Güte zu sein" (Sth Ia q.47 a.3 ad 1).

Thomas treibt sein Ordnungsdenken sogar so weit, daß er selbst die Tatsache des Bösen in diesem Zusammenhang akzeptiert: „Die Vollkommenheit des Weltalls fordert die Ungleichheit der Dinge ... Wie also die Vollkommenheit des Weltalls erfordert, daß nicht nur unvergängliche Wesen da sind, sondern auch vergängliche, so fordert es auch die Vollkommenheit des Weltalls, daß es einiges gebe, welches von der Gutheit abfallen kann ... Darin aber besteht das Wesen des Schlechten, daß es vom Guten abfällt" (Sth Ia q.48 a.2). Mag die Kurzsichtigkeit des Menschen in einem gewissen Egoismus dies nicht immer bemerken, Gott versteht es in seiner großen Ordnung perfekt, dieses Schlechte zuzulassen, um es in den Dienst des Guten zu stellen. Denn, so fragt Thomas, wo wäre die ertragende Geduld und der heiligmäßige Starkmut der Märtyrer, gäbe es die Schlechtigkeit und Brutalität ihrer Mörder nicht? (Sth Ia q.48 a.2).

Die Welt der Engel

Ordnung basiert auf Unterscheidung. Die allgemeinste Unterscheidung jedoch, die sich bezüglich der Schöpfung treffen läßt, ist jene zwischen der rein geistigen und der rein körperlichen Schöpfung (Sth Ia q.50 prol.). Mit der Heiligen Schrift nennt Thomas die rein geistige Kreatur Engel. Zu den Engeln hat Thomas eine ganz besondere Beziehung. Zum einen wird Thomas schon seit dem 15. Jahrhundert mit den Ehrentiteln „Engelgleicher Lehrer" *(Doctor angelicus)* und Lehrer über die Engel *(Doctor angelorum)* geschmückt. Zum anderen ist Thomas einer der ersten Theologen, der mit großem Nachdruck für die reine Geistigkeit der Engel eintritt. Dies legt ihm wiederum – neben der Heiligen Schrift – das oben skizzierte Ordnungsdenken nahe. Die Vollkommenheit des Alls verlangt, daß es auf allen Seinsstufen Wesen gibt: rein körperliche, geistig-körperliche und rein geistige Wesen. Die oberste Stufe steht Gott, der wesentlich durch Verstand und Willen wirkender Geist ist, am allernächsten. So muß sich in ihr diese Geistigkeit in besonders vollkommener Form spiegeln. In den Engeln tut sie dies nach Thomas tatsächlich (Sth Ia q.50 a.1). In ihnen findet sich das nicht, was alle anderen Geschöpfe sonst auszeichnet: die Zusammensetzung von Materie und Form. Dennoch unterscheiden sie sich unendlich weit von Gott, dessen Wesen sein Sein ist, durch die allerfundamentalste Eigenheit der Schöpfung, dadurch, daß auch bei ihnen Wesen und Sein real voneinander verschieden sind (Sth Ia q.50 a.2). Die Engel sind keine aus der Substanz Gottes hervorgegangene Form kleiner Götter, sondern Geschöpfe (Pot 3, 18).

Zu den Ehrentiteln des Thomas: FERDINAND HOLBÖCK, *Thomas v. Aquin als „Doctor Angelicus" und „Doctor Angelorum"*, in: Studi Tomistici 2 (1977) S. 199–217.

Ihre Zahl ist groß, denn Gott schafft je mehr Wesen, je vollkommener diese sind (Sth Ia q.50 a.3). Da jede Seinsstufe noch einmal eine eigene, klar gegliederte Ordnung kennt, besteht auch in der Engelwelt eine feste Hierarchie.

Durch ihre reine Geistigkeit besitzen die Engel auch eine überragende, weil von der Materie nicht gehemmte Erkenntniskraft (Sth Ia q.55 a.1–2; Ver 8, 9) und einen freien Willen, der keinerlei Schwanken oder Veränderung kennt (Sth Ia q.59–60). Diese in der Schöpfungswelt einzigartige Erkenntniskraft haben sowohl die guten Engel, die sich bei der sittlichen Prüfung durch Gott bewährt haben, als auch die von Gott abgefallenen Engel, die Dämonen inne (Sth Ia qq.61–64). Dennoch sind die guten Engel den Dämonen überlegen. Denn ihnen wurde sogleich nach der Bewährung die beseligende Schau Gottes, als der Quelle aller Wahrheit, zuteil (Sth Ia q.62 a.8–9). Sie ist es, die die Engel dazu befähigt, die göttlichen Geheimnisse den Menschen mitzuteilen, das Geschaute weiterzuvermitteln. Dies zeigt sich in besonders erhabener Weise in jener Stunde, in der das Wort Fleisch wurde: „Es war zuhöchst angebracht, daß der Mutter Gottes das Geheimnis der göttlichen Menschwerdung durch einen Engel verkündet wurde, damit auch hierin die göttliche Ordnung gewahrt werde, gemäß welcher die göttlichen Dinge durch die Vermittlung der Engel zu Menschen gelangen“ (Sth IIIa q.30 a.2).

In die universale Solidarität, die die Weltordnung nach Thomas prägt, sind auch die Engel in einer uns Heutige vielleicht etwas seltsam anmutenden Selbstverständlichkeit einbezogen.

Den stärksten Kontrast zur obersten Stufe der Schöpfungswelt bildet das, was Thomas die „körperliche Schöpfung“ (Sth Ia q.65 prol.) nennt. Das heißt die materielle Schöpfung, das, was Gott im sogenannten Sechstagewerk *(Hexaemeron),* von dem uns die Genesis (Gen 1,1–2,4) berichtet, erschaffen hat. Von Interesse sind in den Ausführungen des Thomas dazu weniger die naturwissenschaftlichen Überlegungen, die der Aquinate einfach aus den damaligen Anschauungen in seine Theologie übernimmt, sondern die davon unabhängigen grundsätzlichen Gedanken. Gegen die stets lauernde Verführung durch manichäistische Gedanken, ist für Thomas ohne jeden Zweifel klar, daß Gott auch die Körperwelt geschaffen hat und sie so als gut zu betrachten ist (Sth Ia q.65 a.1). Eine von Natur aus böse Materie, die Gott, wie Origenes annahm, gleichsam nachträglich zur Strafe für den Sündenfall der bösen Engel geschaffen habe, gibt es nicht (Sth Ia q.65 a.2). Dennoch sind die materiellen Dinge nie Selbstzweck. Eingeordnet in die große Hierarchie der Seinsstufen, haben sie zunächst dem Menschen zur Erfüllung seiner Aufgaben zu dienen, aufs Ganze gesehen jedoch sind sie ein Teil der universalen Hinordnung der gesamten Schöpfung auf Gott als ihr Ziel (Sth Ia q.65 a.2).

Zwischen der Lust der Engel und der Tiere – Der Mensch

Der letzte internationale Thomistenkongreß der Päpstlichen Akademie des hl. Thomas von Aquin im Jahr 1990 stand ganz unter dem Thema: **Thomas als *Doctor humanitatis*.** Die Dokumente sind in sechs Bänden durch ANTONIO PIOLANTI veröffentlicht: *S. Tommaso d'Aquino „Doctor Humanitatis"*, Vatikanstadt 1991.

Neben den bereits erwähnten Ehrentitel des Thomas als *Doctor angelicus* ist in den letzten Jahren ein neuer, diesem von Papst Johannes Paul II. gegebener Ehrentitel getreten: Thomas als *Doctor humanitatis*, Lehrer der Menschlichkeit und über den Menschen. Und in der Tat: Bei Thomas finden wir alle Elemente zum Bau einer wahrhaft menschlichen philosophisch-theologischen Anthropologie. Sehr ausführlich handelt er in seiner theologischen Summe (Sth Ia q.75–q.102) über den Menschen. Dies allerdings – entsprechend dem in seinem Summenprolog Ausgeführten – immer unter theozentrischem Aspekt.

Die Abhandlung über den Menschen stellt gleichsam die Krönung und Synthese der Gedanken über die rein geistigen Kreaturen auf der einen und die rein körperlichen Geschöpfe auf der anderen Seite dar. Denn der Mensch ist „gleichsam wie der Horizont und die Grenze der geistigen und körperlichen Natur" (Sent III prol.). Wie der Horizont Himmel und Erde vermählt, so steht der Mensch zwischen den beiden Welten nicht als trennender Fremdkörper, sondern als verbindende Mitte, indem er beide in sich vereint. Sehr anschaulich wird dies, wenn Thomas bemerkt, daß in uns „nicht allein die Lust lebt, die wir mit den Tieren, sondern auch die Lust, die wir mit den Engeln gemein haben" (Sth Ia-IIae q.31 a.4 ad 3).

Dies wird zuerst und vor allem an der leibseelischen Natur des Menschen deutlich. Während Plato behauptete – und die christliche Tradition vor Thomas darin überstark beeinflußt hatte – der Menschen sei die Seele, so lehrt nun Thomas, hierin eindeutig Aristoteles folgend: „Offenbar ist der Mensch nicht einzig die Seele, sondern eine Seinseinheit aus Seele und Leib" (Sth Ia q.75 a.4). Die Seele als das geistige Prinzip ist mit dem Leib als dem materiellen Prinzip zu einer einzigen Natur vereint. Dabei wird diese Vereinigung wie jene von Materie und Form gedacht. Die Seele ist das Seinsprinzip des Menschen, die Form, die der Materie das Leben und die Form der Körperlichkeit verleiht. Sie ist das Wesensprinzip des Körpers *(anima forma corporis).* So wird auch verständlich, daß zur Seele als der „höchsten Stufe der gesamten Schöpfung die ganze Materie hinstrebt" (ScG III, 22). Während die Materie zur Seele aufstrebt, neigt sich die Seele aber auch zur Materie nieder. Denn sie ist auf eine Vereinigung mit dem Körper hin angelegt (Sth Ia q.90 a.4); es „gehört zur Seele von ihrem Wesen her, daß sie mit dem Leib vereinigt ist".

Zitat aus der polemischen Schrift *De unitate intellectus*, 1270 verfaßt. Sie ist gegen die Averroisten gerichtet und handelt von der Einheit des menschlichen Geistes.

Es ist bezeichnend für den Aquinaten, daß er alle Vorstellungen, die eine Schöpfung der Seele vor dem Körper annehmen (Präexistentianismus), strikt ablehnt: Die Seele ist nur ein, wenn auch dem Leib übergeordneter Teil der menschlichen Natur. Sie ist auf den Leib als das ihr zugeordnete Werkzeug, das sie allererst in der Welt des Menschen handlungsfähig macht, angewiesen. Zugleich ist der Leib aber auch, trotz seiner Mängel, auf die Seele als das dieser am besten dienende Werkzeug hingeordnet (Sth Ia q.91 a.3). Wie eng Thomas die Verbindung von Leib und Seele sieht, wird deutlich, wenn er sagt, „daß, je besser der Leib bereitet ist, ihm eine um so bessere Seele zuteil wird" (Sth Ia q.85 a.7).

Präexistentianismus (Gnostiker, Origenes, der junge Augustinus): Jede Seele sei bei der Schöpfung zunächst ohne Leib, völlig engelhaft erschaffen worden und erst nach einer gewissen Zeit (der Präexistenz) sinke sie dann aufgrund von Schuld in ein leibliches Dasein. – Mehrmals von der Kirche verurteilt.

Allerdings ist dieser Leib, wie Thomas aus der Erfahrung weiß, der Seele nicht, wie es einem Werkzeug zukommt, völlig untertan, deshalb ist er auch vergänglich (Ver 13, 3 ad 2). Ganz im Unterschied zur Seele. Die Seele des Menschen ist zwar aufgrund ihrer reinen Geistigkeit unzerstörbar bzw. unsterblich (Sth Ia q.75 a.6–7), dennoch ist sie nicht ewig, sondern aus dem Nichts von Gott geschaffen (Sth Ia q.90 a.1). Dies spiegelt sich in der Tatsache, daß es in ihr – ganz im Unterschied zu Gott, der reinste Wirklichkeit ist – immer Seinkönnen *(Potenz)* und Wirklichkeit *(Akt)* gibt. Dies zeigt sich besonders beim Erkennen des Menschen: „Die Erkenntniskraft ist im Hinblick auf die erkennbaren Dinge, natürlicherweise im Zustand der Potenz. Bevor sie also zum Wirklichsein geführt wird, ist sie unvollkommen. Sie vollendet sich erst, indem sie die Dinge erkennt und so ins Wirklichsein überführt wird" (Ver 20, 3). So ist es auch kein Zufall, daß Thomas mit Aristoteles das äußerste Glück des Menschen in der Erkenntnis sieht.

Allerdings ist das Glück, das der Philosoph Aristoteles im Auge hat, ein anderes als jenes, das der Theologe Thomas meint. Denn das vollkommene Glück des Menschen, nach dem er von Natur aus strebt, liegt in der vollkommenen Erkenntnis und Liebe nicht der geschaffenen Dinge, sondern Gottes (Ver 20, 3 ad 5). Der Mensch, ausgegangen von Gott, strebt zu seinem Schöpfer, als dem „Ziel all unserer Sehnsüchte und unserer Handlungen" (Sth IIa-IIae q.4 a.2 ad 3), zurück.

Die Rückkehr des Menschen zu Gott

In der Theologie und Philosophie der Neuzeit ist die Vorstellung weit verbreitet, Gott habe sich nach der Schöpfung sozusagen zurückgezogen und lasse nun dem Weltgeschehen als ferner, unbeteiligter Beobachter seinen eigenen Lauf. Thomas ist dieser Gedanke völlig fremd. Die Schöpfung ist nicht Abschluß, sondern Beginn der Tätigkeit Gottes nach außen, die erst in der vollendeten Heimholung der Geschöpfe ihre Vollendung erreicht hat.

Der gesamte zweite Teil der theologischen Summe, der sozusagen die „Moraltheologie" des Thomas bildet, ist denn auch der Bewegung der vernünftigen Wesen hin zu Gott, der Rückkehr der Geschöpfe zu ihrem Schöpfer, von dem sie ausgegangen sind, gewidmet. Denn „dadurch wird auch irgendwie die Gesamtheit des göttlichen Werkes vollendet, indem der Mensch, der zuletzt erschaffen wurde, in einer Art Kreislauf zu seinem Prinzip zurückkehrt ..." (Comp I, 201). Dies tut der Mensch, wenn er die in ihm grundgelegte Ähnlichkeit mit Gott gerichtet auf Gott selbst, als seinem letzten Ziel, in seinem Handeln zur Entfaltung bringt (Sth Ia-IIae prol.). Er kann dies als geistiges Geschöpf in Freiheit und zugleich unterstützt durch die Lenkung Gottes und dessen besonderes Geschenk der Gnade.

Mit dem zweiten Teil seiner theologischen Summe hat Thomas in der Geschichte des christlichen Denkens ganz Neues geschaffen: eine systematische, dem damals führenden Wissenschaftsbegriff gerecht werdende Moraltheologie. So verwundert es auch nicht, daß gerade dieser Teil der Summe „weitaus größere Verbreitung erfuhr als ihre dogmatischen Teile" (Torrell, S. 176). Dies nicht immer zum Vorteil der Sache selbst. Marie-Dominique Chenu erinnert sich bezüglich seines Studiums zu Beginn des 20. Jahrhunderts: „Wie oft war ich schockiert, vor allem, was die Interpretation der *IIa Pars* an-

geht, über die starre und systematische Art, mit der der Kommentator die aristotelischen Strukturen der Ausarbeitung freilegte, während er den Kraftstrom evangelischer und patristischer Spiritualität ... vergaß und unterschlug" (Chenu, S. 350). Eine Problematik, die bis zur Stunde festzustellen ist: Die Arbeiten, die es zum zweiten Teil der theologischen Summe bzw. deren Einzeltraktaten gibt – etwa die sehr erfolgreichen Schriften von Josef Pieper oder aber auch die Thomasinterpretation der sogenannten „Autonomen Moral im christlichen Kontext" – erwecken nicht selten den Eindruck, als habe Thomas hier eine rein philosophische Ethik geboten. Bedenkt man dabei noch, daß sich Thomas in der *Secunda* wie in keinem Teil der *Summa theologiae* sonst von der aristotelischen Philosophie, näherhin der Nikomachischen Ethik, abhängig zeigt, ist man schnell bereit, dieser Einschätzung auch zuzustimmen. Und doch täuscht sie: Thomas will mit seiner Moraltheologie „keine Ethik außerhalb des Glaubenslichtes praktizieren" (Torrell, S. 175) und keinen Anstandskatalog für brave Menschen zusammenstellen. Auch hier respektiert er die „andersartige Logik des Reiches Gottes, dessen Grundriß sich in den Dunkelheiten des Mysteriums ... abzeichnet" (Chenu, S. 350), und betreibt so „übernatürliche Theologie" *(sacra doctrina)*, freilich wieder gespeist durch die Philosophie, aber zuerst ausgerichtet am Maßstab von Offenbarung und Kirche.
Einige der Schwerpunkte der Moraltheologie des Thomas, denen wir uns nun zuwenden, bestätigen dies auf anschauliche Weise.

Die **„Autonome Moral im christlichen Kontext"** wurde in Deutschland im Kontext des Widerstandes gegen die Enzyklika *Humanae vitae* Papst Pauls VI (1968) konzipiert. Sie sieht im Wesentlichen keinen Unterschied zwischen der profanen und der christlichen Ethik, da das Sittliche einfach die optimale Entfaltung des Menschlichen (das im Anschluß an Immanuel Kant als autonom konstruiert wird) sei. Offenbarung und kirchliches Lehramt haben folglich bezüglich moralischer Fragen keine bindenden Weisungsrechte, sondern lediglich beratende Funktion. Dazu: Berger, S. 225–230.

Der Mensch als Abbild Gottes

In seinem Prolog zum zweiten Teil der Theologischen Summe stellt Thomas eine organische Verbindung zur vorangegangenen Gottes- und Schöpfungslehre her und gibt zugleich eine

Kurzcharakteristik seiner Moraltheologie. Als Motto wählt er ein Zitat von Johannes Damascenus, der vom Menschen sagt, daß er nach dem Bild Gottes geschaffen ist, was sich an dessen Vernünftigkeit, freiem Willen und der Fähigkeit zur Selbstbestimmung zeigt. Von dieser Einsicht ausgehend stellt sich Thomas nun die Aufgabe, nach der Abhandlung über Gott als Urbild *(exemplar)* und das, was von diesem Urbild in völliger Freiheit geschaffen wurde, vom Menschen als dem Abbild Gottes *(imago)* zu handeln; insofern er diese Abbildlichkeit in seinem freien Handeln verwirklicht.

JOH. DAMSCENUS, *De Orthodoxa Fide* lib.2 cap.12 a princ. **Johannes Damascenus,** Araber († um 750), ist einer der großen Kirchenlehrer der orientalischen Kirche, er wird häufig als „Aquinate des Ostens" bezeichnet.

Der Begriff des Menschen als Abbild Gottes kann durchaus als *der* Zentralbegriff der Moraltheologie des Aquinaten betrachtet werden. Thomas geht von der Bibel aus, wo es im Buch Genesis (1,26) heißt: „Lasset uns den Menschen machen nach unserem Bild und Gleichnis." In der Schöpfung des Menschen als Ebenbild Gottes findet das gesamte Schöpfungswerk seine Krönung. Zwischen Gott und Mensch klafft ein absoluter Unterschied. Dennoch besteht zugleich zwischen Gott und Mensch – aufgrund der Tatsache, daß jeder kreativ Tätige etwas ihm Ähnliches erschafft – eine innige Verbindung. Sie wird mit der Heiligen Schrift durch die Ausdrücke Ähnlichkeit und Abbildlichkeit umschrieben. Denn sie ist eine Spiegelung Gottes im Menschen, eine Spiegelung des Urbildes in seinem Abbild. Diese ist freilich keine 1:1-Spiegelung, wie sie uns die Offenbarung zwischen Gott Vater und Gott Sohn lehrt, sondern sie ist noch sehr unvollkommen (Sth Ia q.93 a.1). Thomas bringt zur Veranschaulichung in diesem Zusammenhang häufig einen aussagekräftigen Vergleich des Augustinus: Im Menschen ist das Bild Gottes als in „einer fremden Natur, so wie das Bild des Königs in einer Silbermünze ist" (Sth Ia q.93 a.1 ad 2). Dennoch ragt diese Abbildlichkeit des Menschen weit über die der unter ihm stehenden Schöpfung hinaus. Weist letztere nur Spuren Gottes auf, etwa so wie „Asche uns als Spur des Feuers erscheint" (Sth Ia q.93 a.6), fin-

Die aktuellste und umfangreichste deutschsprachige Studie dazu ist: KLAUS KRÄMER, *Imago Trinitatis. Die Gottebenbildlichkeit des Menschen in der Theologie des Thomas von Aquin,* 2000.

den wir in den vernunftbegabten Wesen, in den Engeln (Sth Ia q.93 a.3) und den Menschen, aufgrund ihrer Geistnatur ein echtes Bild Gottes. Und zwar „sowohl in bezug auf die göttliche Natur als auch in bezug auf die Dreiheit der Personen" (Sth Ia q.93 a.5). Die „drei göttlichen Personen unterscheiden sich aber durch den Ausgang des Wortes vom Sprechenden und der Liebe, die beide verknüpft ... darum sieht man das Bild der Dreifaltigkeit im Geist des Menschen zunächst und hauptsächlich in dessen Tätigkeiten" (Sth Ia q.93 a.7) verwirklicht, dem Erkennen, als der Betätigung der Vernunft, und dem Wollen, als der Betätigung der Freiheit. Über diese den göttlichen Tätigkeiten artähnlichen Akte vermag der Mensch als Ebenbild am meisten seinem Urbild nahezukommen. Zuallererst vollzieht sich solche abbildliche Verähnlichung konkret durch die Erkenntnis Gottes und die Liebe zu Gott. Aber in zweiter Linie auch in der Selbsterkenntnis, in der der Mensch Gott wie in einem Spiegel gewahr wird (Sth Ia q.93 a.8).

Es ist unschwer zu übersehen, daß sich in der Lehre von der Gottebenbildlichkeit des Menschen nicht nur der Traktat über Gott den Einen, jener über Gott den Dreieinen und die Schöpfungslehre sozusagen in einem Punkt verdichten. Sondern auch die Moraltheologie, die sich mit der rechten Betätigung von Vernunft und Freiheit beschäftigt, hier ihre tiefste Begründung findet. Sie hat ihr letztes Wurzelprinzip im innertrinitarischen Leben, das sich in den vernunftbegabten Geschöpfen abbildlich spiegelt. Das gottförmige und gottgefällige Handeln des Menschen erfließt dessen gottähnlichem, das heißt trinitarisch geprägten Sein.

Die **Lichtsymbolik** spielt bei Thomas eine große Rolle. Vgl. dazu die Arbeit von Josef Kieninger, *Das Sein als Licht in den Schriften des hl. Thomas von Aquin* (= Studi Tomistici 47), 1992.

Die genannte Spiegelung bzw. das gottähnliche Sein des Menschen ist aber in verschiedenen Abstufungen verwirklicht. Das Licht des Angesichtes Gottes, von dem Psalm 4,7 sagt, daß es über uns aufstrahlt, findet sich auf dem Antlitz unserer Seele in unterschiedlicher Intensität (Sth Ia q.93 a.4). Thomas nimmt sozusagen eine Einteilung in drei „Helligkeitsbereiche" vor: Zunächst eine *erste* der Dunkelheit am nähesten stehende Abbildlichkeit, die sich in allen Menschen allein aufgrund ihres Menschseins bzw. ihrer Natur als Menschen findet und die deshalb als natürliche Gottebenbildlichkeit zu bezeichnen ist. Sie manifestiert sich in der „natürlichen Eignung des Menschen zur Gotteserkenntnis und Gottesliebe; und diese Eignung besteht in der Geistnatur selbst, die allen Menschen gemeinsam ist" (Sth Ia q.93 a.4). Es ist dem Menschen als Geschöpf naturgemäß, Gott über alles zu lieben (Sth Ia-IIae q.109 a.3). Da diese Gottebenbildlichkeit mit der Natur des Menschen gegeben ist, kann sie der Mensch, wieweit er sich auch immer von seinem Urbild entfernen mag, nicht verlieren. Der Mensch kann nie völlig aus der Verbindung mit Gott herausfallen (Sth Ia q.22 a.2 ad 4).

Sodann eine *zweite* Gottebenbildlichkeit, die nur die von Gott Gerechtfertigten besitzen und, sollten sie sich durch die Sünde von Gott abwenden, auch wieder verlieren können. Sie zeigt sich, „insofern der Mensch Gott im tatsächlichen Vollzug oder als dauerhafte Anlage – wenn auch noch unvollkommen – erkennt und liebt" (Sth Ia q.22 a.2 ad 4).

Und eine *dritte*, die die überhelle Vollendung der zweiten Abbildlichkeit in der ewigen Seligkeit darstellt. Das unvollkommene Abbild ist dann zum vollkommenen Ebenbild Gottes geworden, indem es Gott „auf vollkommene Weise erkennt und liebt" (Sth Ia q.22 a.2 ad 4). Da die beiden letzteren nicht automatisch mit der Menschennatur verbunden sind, sondern dem Menschen von Gott zusätzlich zu seiner Natur aus Gnade hinzugeschenkt werden, lassen sie sich auch als übernatürliche Gottebenbildlichkeit bezeichnen. Thomas sieht mit den Kirchenvätern in den beiden von der genannten Genesisstelle gebrauchten Ausdrücken „Bild" und „Ähnlichkeit" keine belanglose Zufälligkeit, sondern die natürliche und die übernatürliche, gnadenhafte Gottebenbildlichkeit ausgesprochen (Sth Ia q.93 a.9).

Zu der von der klassischen Theologie abweichenden Auslegung von **Gen 1,26** durch die moderne Exegese vgl. die zusammenfassende Darstellung der Diskussionen von Leo Scheffczyk, *Schöpfung als Heilseröffnung. Katholische Dogmatik*, Bd. III, 1997, S. 225–228.

Beide wird man sich jedoch nicht – wie dies bisweilen in der Neuscholastik geschehen ist – als zwei Stockwerke vorstellen dürfen. Wie sehr natürliche und übernatürliche Gottebenbildlichkeit zusammengehören, sieht man an der Lehre des Thomas zum Urstand des Menschen. Im Unterschied zu fast der gesamten Theologie seiner Zeit lehrt Thomas, daß der erste Mensch sofort in der übernatürlichen Gnade erschaffen wurde und so imago und similitudo bei ihm zusammenfielen (Sth Ia q.95 a.1). So blieb nach dem Sündenfall und dem damit einhergehenden Verlust der übernatürlichen Gottebenbildlichkeit nicht einfach eine intakte natürliche Gottebenbildlichkeit übrig (Sth Ia-IIae q.85 a.3). Vielmehr „ist eine *imago* ohne *similitudo* ein Restbestand, ein Fragment ehemaliger wahrer Gottebenbildlichkeit, fragmentiert durch nichts anderes als den Verlust der Gemeinschaft mit Gott in der Sünde" (Pesch, S. 385). Damit sind wir bei zwei weiteren, für die Moraltheologie des Thomas zentralen Kernpunkten angekommen: der Lehre von der Gnade und jener von der Glückseligkeit als dem letzten Ziel des Menschen.

Alle Menschen sehnen sich nach Glück – Das Endziel des Menschen

Wir haben gesehen, daß der Mensch als Abbild die Annäherung an sein Urbild zuallererst über die typisch menschlichen Akte des vernünftigen Erkennens und freien Wollens, die den Gegenstand der Moral bilden (Sth Ia-IIae q.1 a.3) bilden, vollzieht. Um diese Handlungen näher zu charakterisieren, gilt für Thomas stets die den ihm immer wieder nachgesagten Objektivismus begründende Regel, daß die von Vernunft und Freiheit geleiteten Akte ihre spezifische Eigenart durch ihren unterschiedlichen Objektbezug erhalten (ScG III, 61). Das heißt, das menschliche Handeln erhält von seinem Ziel den ihm eigentümlichen Charakter eingeprägt (Sth Ia-IIae q.1 a.3). Nun streben wir aber in unseren vielfältigen Handlungen nach sehr verschiedenen Zielen. Doch diese sind nach Thomas hierarchisch klar geordnet. Das nähere Ziel, das wir unmittelbar anstreben, streben wir wegen eines entfernteren, höheren Zieles an, das wieder in den Dien-

Zur sehr kontroversen moraltheologischen Diskussion über Geltung, Reichweite und Konsequenzen der **Spezifikation der Akte durch ihr Objekt** vergleiche man: THEO G. BELMANS, *Der objektive Sinn menschlichen Handelns. Die Ehemoral des hl. Thomas*, 1984.

sten eines übergeordneten Zieles steht. Diese Reihenfolge von Zielen kann jedoch, wie wir bereits aus den Gottesbeweisen wissen, nicht bis ins Unendliche fortgesetzt werden. Es muß also ein letztes Endziel geben, auf das alles hingeordnet ist (Sth Ia-IIae q.1 a.4). Dies gilt in besonderer Weise in der Welt des Menschen. Mag er noch so viele verschiedene Güter mit höchster Leidenschaft anstreben, sie alle vermögen die ihm innewohnende Sehnsucht nicht letztgültig befriedigen. Vollkommene Sättigung und Ruhe findet er allein im letzten Ziel (Sth Ia-IIae q.1 a.5). Alles, was der Mensch an Vorläufigem begehrt, erstrebt er nur um dieses letzten vollendeten Zieles willen, das keinerlei Verlangen mehr offen und uns wirklich beständig „wunschlos glücklich" sein läßt (Sth Ia-IIae q.1 a.6).

Ganz allgemein sagt Thomas mit Aristoteles, daß dieser Endzweck für alle Menschen die in der Vollkommenheit des Seins bestehende Glückseligkeit ist. Denn von Natur aus begehrt die geistige Kreatur glückselig zu sein (ScG IV, 92): „Ein jeder ordnet, was immer er will, auf seine Glückseligkeit hin. Diese selbst ist es, die nicht um eines anderen willen ersehnt wird, und in welcher die Bewegung der Sehnsucht zur Ruhe kommt" (ScG I, 101). Konkret heißt dies, daß diese Glückseligkeit in keinem der geschaffenen und daher endlichen Güter (wie Reichtum, Ruhm, Macht und Schönheit), sondern allein im ganz sättigenden Besitz des ewigen höchsten Gutes, das Gott ist, bestehen kann. Denn Gott „ist die Glückseligkeit durch seine Wesenheit" (Sth Ia-IIae q.3 a.1 ad 1), weil Sein und Glückseligsein für ihn identisch sind. Durch Teilhabe an dieser vollkommenen Seligkeit erlangt auch der Mensch dieses sein Endziel.

Ausgangspunkt, Ziel und die zwischen beiden liegenden Handlungen sind untrennbar miteinander verbunden. Entsprechend der doppelten Gottebenbildlichkeit unterscheidet Thomas daher konsequent auch zwischen einer natürlichen und einer übernatürlichen Glückseligkeit als Endziel: „Das Ziel, auf das Gott die geschaffenen Dinge richtet, ist zweifach" (Sth Ia q.23 a.1). „Es gibt eine doppelte Glückseligkeit des Menschen:

Eine die der menschlichen Natur angepaßt ist, zu welcher der Mensch aufgrund der Kräfte seiner Natur gelangen kann" (Sth Ia-IIae q.62 a.1). Und eine, durch die er über seine Natur hinausgehoben wird und die daher als „übernatürlich" zu bezeichnen ist. Unabhängig von der Bestimmung des Menschen zu einer übernatürlichen Glückseligkeit wohnt ihm von Natur aus eine Hinordnung seiner Vernunft und seines Willens auf Gott als den Quellgrund und das Ziel der Natur inne. So spricht Thomas davon, daß der Mensch ein natürliches Verlangen *(desiderium naturale)* danach hat, seinen Schöpfer möglichst vollkommen zu erkennen und zu lieben (ScG III, 51). Sittlich gut ist dann das Tun, das vom Menschen „gemäß seiner Natur" (ScG III, 129) geordnet wird bzw. das der praktischen Vernunft entspricht (Sth Ia-IIae q.18 a.5). Diese vernünftige Natur des Menschen erhält ihre Prägung vom ewigen Gesetz *(lex aeterna)*, das Gott seiner

> Schöpfung eingegeben hat. „Der Abdruck des ewigen Gesetzes im Menschengeiste, dieses ins Menschenherz geschriebene Gottesgesetz nennt man das natürliche Sittengesetz. Das natürliche Sittengesetz promulgiert sich im Menschen alsbald beim Erwachen der Vernunft. Der Mensch erkennt da mit Leichtigkeit die obersten Prinzipien des sittlichen Handelns, die sich auf den Satz: ‚Tue das Gute, meide das Böse', zurückführen lassen. Diesen Habitus der Vernunft zur leichten Erkenntnis der obersten sittlichen Grundsätze nennt Thomas … Synteresis … Die Synteresis entfaltet sich weiter zum Gewissen, welches die sittlichen Prinzipien auf die einzelnen Handlungen in Anwendung bringt. In dieser Weise ist Gott durch das Naturgesetz äußeres Prinzip des sittlichen Handelns."

Habitus ist der aristotelisch-thomistische Fachbegriff für eine dauerhafte Anlage, die meist eine bestimmte Handlungsfertigkeit mit sich bringt (Sth Ia-IIae q.49 a.1).

Martin Grabmann, *Thomas von Aquin. Persönlichkeit und Gedankenwelt. Eine Einführung*, 8. Aufl. 1949, S. 156–157 (Kurztitel = **Grabmann**).

Doch wie Gott den Menschen nicht nur als sein natürliches Ebenbild geschaffen, sondern ihn sofort bei der Schöpfung über seine Natur in den Zustand der Gnade erhoben hat, so findet dieses natürliche Sittengesetz seine eigentliche Erfüllung im übernatürlichen Gesetz, das Gott seinem Volk im Alten und Neuen Bund gegeben hat. Seitdem kann der Mensch bei dem rein natürlichen Endziel nicht ruhen. Er hat nur noch ein wirkliches letztes Endziel, in dem das erstgenannte aufgehoben ist. Es besteht in der unmittelbaren, alle menschlichen Fähigkeiten und kühnsten Erwartungen unendlich übersteigenden Anschauung Gottes von Angesicht zu Angesicht im Jenseits (Sth Ia-IIae q.5 a.5). Diese ist nur möglich, wenn Gott den Menschen über seine geschaffene Natur hinaus an seiner göttlichen Natur teilhaben läßt: „Die andere Glückseligkeit aber ist eine auf Grund einer gewissen Teilhabe an der Gottheit die Natur des Menschen überragende Seligkeit, zu welcher der Mensch nur durch göttliche Kraft gelangen kann ... Und weil eine solche Seligkeit das Maß der menschlichen Natur übersteigt, genügen die natürlichen Kräfte des Menschen, mittels derer er, dem Maße seines Könnens entsprechend, zu einer guten Handlung schreitet, nicht, den Menschen auf eben diese Seligkeit hinzuordnen" (Sth Ia-IIae q.62 a.1). Diese Teilhabe an der göttlichen Natur nennt Thomas mit der Heiligen Schrift Gnade.

„Größer als das Gut des ganzen Weltalls ist der Wert der Gnade eines Einzelnen"

Im Zenit der *Secunda,* der zugleich die Mitte der gesamten theologischen Summe bildet, steht ein Satz, in dem sich wie kaum in einem anderen sonst das gesamte Denken des Thomas auf besondere Weise verdichtet. Thomas schreibt hier, daß „das Gut der Gnade eines einzelnen größer ist als das Gut des ganzen Weltalls" (Sth Ia-IIae q.113 a.9).

Diese Erhabenheit der Gnade über alle Güter der Welt, des Übernatürlichen über das Natürliche, des Heiligen über das Profane, zeigt sich für Thomas zuerst in der Notwendigkeit der Gnade, die im Menschen einen „Keim des ewigen Lebens" einpflanzt (Sth Ia-IIae q.69 a.2), der – bildlich gesprochen – den Menschen in den Himmel hinaufwachsen läßt. Den Menschen befähigt, sein letztes Ziel durch seine Handlungen bzw. durch Verdienste zu erreichen: Aus sich, aufgrund seines reinen Menschseins kann der Mensch wohl Handlungen ausführen, „die zu einem Gut hinführen, das dem Menschen angemessen ist, wie etwa

‚den Acker pflügen, trinken, essen, und einen Freund haben' (Augustinus) und anderes dergleichen" (Sth Ia-IIae q.109 a.5). Nicht so im Bereich der Gnade. Hier gilt wieder, daß alle Handlungen von ihrem Ziel ihre spezifische Prägung erhalten. „Das ewige Leben aber ist ein Ziel, das das Verhältnis der menschlichen Natur übersteigt. Und darum kann der Mensch verdienstvolle Werke, die zum ewigen Leben im richtigen Verhältnis stehen, kraft seiner Naturanlage nicht hervorbringen; sondern dazu ist eine höhere Kraft erforderlich, welche die Kraft der Gnade ist. Und darum kann der Mensch ohne Gnade das ewige Leben nicht verdienen ..." (Sth Ia-IIae q.109 a.5).
Wie die Liebe Gottes zu den Menschen keine Ursache im Geschöpflichen hat, sondern die Ursache für unser Gutsein ist, so ist auch die Gnade, die Gott dem Menschen schenkt, letztlich und erstlich völlig unverdient: „Die Gnade wird nicht auf Grund von Verdiensten erworben, sie wird umsonst von Gott geschenkt" (Comp I, 198). Auch die erste Gnade, etwa wenn der Mensch von der Sünde aufsteht, die ihn von seiner Rückkehr zu Gott weggeführt hat, kann nicht verdient werden (Sth Ia-IIae q.109 a.6–7), „weil das Geschenk der Gnade jede Vorbereitung durch die menschliche Kraft übersteigt" (Sth Ia-IIae q.112 a.3). Der Mensch „kann sich nur dann zu Gott hinwenden, wenn Gott ihn zu sich selbst hinwendet" (Sth Ia-IIae q.109 a.6 ad 1). Er braucht, ruft Thomas in einem seiner in Paris gehaltenen *Quodlibeta* aus, „selbst dazu noch die Hilfe der Gnade selbst, daß er sich für die Gnade vorbereite" (Quodl. 1, 7). Und auch nach diesem seine Rückkehr zu Gott initiierenden Geschenk der Gnade, die den Menschen in den Augen Gottes wohlgefällig und fähig zu verdienstlichen Handlungen macht, bedarf er einer dauernden gnadenhaften Unterstützung durch Gott, um von ihm zum je konkreten verdienstlichen Akt bewegt zu werden (Sth Ia-IIae q.109 a.9). Die spätere Theologie wird diese Vorstellung mit ihrer Unterscheidung zwischen *habitueller* und *aktualer Gnade* aufnehmen. So stellt sie mit Thomas sicher, daß der Mensch, dem in der Gnade an der göttlichen Natur teilgegeben wurde, nicht zu einem autonomen stolzen „Nebengott" wird, sondern sich vom ersten bis zum

letzten Augenblick seiner Rückkehr zu Gott der Abhängigkeit von diesem bewußt bleibt. Richard Schenk hat gezeigt, wie sehr die ganze Gnadenlehre des Thomas vom „Ich kann nicht" des Menschen, seiner auch nach der Begnadigung bleibenden Defizienz und Angewiesenheit auf Gott bestimmt ist. Ja, die Gnade hebt diese Unvollendetheit nicht auf, sondern „bewahrt und rettet" sie.

RICHARD SCHENK, *Die Gnade vollendeter Endlichkeit. Zur transzendentaltheologischen Auslegung der thomanischen Anthropologie,* 1989, S. 343–371.

Aber was bewirkt nun die Gnade im Menschen genau?

Die Gnade kann aktiv als eine – über die mit der Schöpfung allen Menschen gegebene hinausgehende – Liebeszuwendung Gottes verstanden werden. Passiv bewirkt sie in der Seele des Menschen eine völlig neue, übernatürliche Wirklichkeit (Sth Ia-IIae q.110 a.1). Diese Wirklichkeit besteht in einer realen Teilhabe des Menschen an der göttlichen Natur: „Das erste, was die Gnade tut, ist, daß sie ein göttliches Sein verleiht" (Sent II 26, 1, 5). Dieses göttliche Sein verdrängt die menschliche Natur jedoch nicht, es ist vielmehr eine Art „außerwesentliche Form (= *Akzidenz*) der Seele" (Sth Ia-IIae q.110 a.2 ad 2). Das heißt aber nicht, daß die Gnade dem Menschen äußerlich bliebe, vielmehr wird die Seele auf einzigartige Weise vom göttlichen Sein durchdrungen, so daß diese auf übernatürliche Weise tätig sein kann. Obwohl die natürliche Defizienz des Menschen durch die Gnade nicht aufgehoben wird, ist es daher völlig ausgeschlossen, daß die Gnade zugleich mit der Sünde in der Seele des Menschen besteht. Das „gerecht und Sünder zugleich" *(simul justus et peccator)* Luthers ist für Thomas eine Unmöglichkeit (Sth Ia-IIae q.113 a.5). Entsprechend erklärt Thomas die Rechtfertigung des Sünders durch die Gnade: In einem einzigen Augenblick gießt Gott dem Menschen die Gnade ein, dieser wendet zugleich seinen Willen Gott zu, kehrt ihn von der Sünde ab und die Schuld wird ihm nachgelassen (Sth Ia-IIae q.113 a.6–7).

Schließlich bewirkt dieses göttliche Sein im Menschen, daß er das Gesetz Gottes mit einer gewissen Freude, Milde und Leichtigkeit zu vollbringen im Stande ist (Sth Ia-IIae q.110 a.2) und sich so das ewige Leben, das auf rein natürliche Weise völlig

unverdienbar ist, tatsächlich verdienen kann (Sth Ia-IIae q.114 a.1–3). Die Freude und Leichtigkeit kommt daher, daß wir das am meisten freiwillig und mit Freude tun, was wir aus Liebe vollbringen. Die übernatürliche Gottes- und Nächstenliebe *(caritas)* aber ist die Königin im Reich der Tugenden, die von der Gnade als ihrem „Ausgangsgrund und ihrer Wurzel" (Sth Ia-IIae q.110 a.3 ad 3) hervorgehen. Sie ist „Anfang und Grund, daß einer das Gute tue" (Sth Ia q.62 a.3 ad 3). Thomas geht sogar so weit, zu sagen, daß diese Liebe „eine Art Freundschaft des Menschen mit Gott" begründet, die in einem „gegenseitigen Sichliebhaben" besteht (IIa-IIae q.23 a.1). Und weiter mit einer ungewöhnlichen Radikalität: „Die Vollendung des geistlichen Lebens ist nach dem Maß der Liebe zu messen. Wem sie fehlt, der ist ein spirituelles Nichts" (Quodl. III,17). Durch die Liebe werden die Akte aller anderen Tugenden auf ihr letztes Ziel ausgerichtet (Sth Ia-IIae q.114 a.4): Der Glaube und die Hoffnung, die mit der Liebe gemeinsam die drei göttlichen Tugenden (Sth IIa-IIae qq.1–46) bilden; ebenso aber auch die vier Kardinaltugenden, Klugheit, Gerechtigkeit, Tapferkeit und Maßhaltung (Sth IIa-IIae qq.47–170).
Während all diese Tugenden ihre Grenze in der Schau Gottes haben, die ihnen gleichsam ein vollendendes Ende setzt, „kennt die Liebe, entsprechend dem Wesen ihrer Art, keine Grenze des Wachstums, denn sie ist eine Teilhabe an der unendlichen Liebe, welche der Heilige Geist ist" (Sth IIa-IIae q.24 a.7).

Vergleicht man rückblickend die Gottes- und Schöpfungslehre des Thomas mit der in der *Secunda* betrachteten, durch die Gnade möglich gemachten Rückkehr des vernünftigen, Gott ebenbildlichen Geschöpfes zu seinem Ursprung, so fällt eine das thomistische Denken zutiefst auszeichnende Gemeinsamkeit auf: „Gott als der je immer Größere beherrscht souverän und uneingeschränkt das Geschehen in der Schöpfung, und zwar am herrlichsten und geheimnisvollsten gerade da, wo er erkennende und freie Wesen auf dem Weg der Liebe zu sich heimführt" (Pesch, S. 180).

Christus als der Weg zum Vater

Mißt man Thomas an der nach 1945 im deutschen Sprachraum richtungsweisenden, christozentrisch ausgerichteten Moraltheologie, die ihre *Grundlegung in der Nachfolge* Christi sucht, scheint man – sieht man von einigen kurzen Anmerkungen ab – in der gesamten *Secunda,* besonders aber in der Gnadenlehre eine seltsam anmutende Abwesenheit Jesu Christi feststellen zu müssen. Und in der Tat wurde Thomas immer wieder zum Vorwurf gemacht, die Menschwerdung des ewigen Wortes und mit ihr die gesamte Heilsgeschichte, deren Mittelpunkt der Gottmensch ist, spielten in seinem Denken nur eine sehr untergeordnete Rolle.

Zur **christozentrischen Erneuerungsbewegung** in der Moraltheologie: JOHANNES REITER, *Die katholische Moraltheologie zwischen den beiden Vatikanischen Konzilien,* in: *Die katholisch-theologischen Disziplinen in Deutschland* 1870–1962, hrsg. v. Hubert Wolf, 1999, S. 231–241.

Aber auch hier ist es wieder entscheidend, die einzelnen Teile der theologischen Summe nicht als für sich abgeschlossene, planlos zusammengehängte Eisenbahnwagen zu sehen, sondern in ihrem systematischen Zusammenhang, der aus didaktisch-pädagogischen Gründen eine Einteilung erfordert. Nicht nur im Sentenzenkommentar und dem *Compendium theologiae,* auch zu Beginn der theologischen Summe wird der zentrale Stellenwert Christi für die Rückkehr des Menschen zu Gott hervorgehoben (Torrell, S. 171–174). Und auch im Gnadentraktat, der das Herz der *Secunda* bildet, ist mit Gnade immer die durch Christus verdiente Gnade gemeint. Bestätigt wird dies in der *Tertia,* wo Thomas von der Menschwerdung als der „Quelle aller Gnaden und Verdienste" (Sth IIIa q.2 a.12) spricht.

Zur **Heilsgeschichte** im Denken des Thomas: MAX SECKLER, *Das Heil in der Geschichte. Geschichtstheologisches Denken bei Thomas von Aquin,* 1964.

Besonders anschaulich wird die Zentralstellung der Menschwerdung des Logos im Prolog zum dritten Buch des Sentenzenkommentars. Dort geht Thomas von einem Zitat aus dem Buch Kohelet aus: „Zu dem Ort, wo die Flüsse entspringen, kehren sie zurück, um wieder zu entspringen" (Koh 1,7). Der Ort, an dem die Flüsse entspringen, ist in der Deutung des

Thomas Gott selbst, die Flüsse stehen für die natürlichen Güter, die im Menschen ihren Höhepunkt erreichen. Durch die von Gott vorgesehene Rückkehr des Menschen „kehren deshalb alle Flüsse der natürlichen Güter zu ihrem Ursprungsort zurück, wenn durch das Geheimnis der Menschwerdung die menschliche Natur Gott vereinigt wird."

„O felix culpa": Glückselige Schuld, die einen solch großen Erlöser gefunden!

Daß Gott dem Menschen diese Rückkehr in Freiheit durch die Gnade, in die er den ersten Menschen sofort erhoben hat, möglich macht, haben wir bereits gesehen. Der erste Mensch jedoch hat durch den Mißbrauch seiner Freiheit im Sündenfall diesen „göttlichen Kreislauf" durchbrochen und so die Gnade des Urstandes verloren (Comp I, 192–194). Wie die erste Gnade auf das ganze Menschengeschlecht übergehen sollte, so wird auch der Verlust dieser Gnade auf alle Nachkommen Adams übertragen und so zur Erbsünde (Comp I, 195), welche die übernatürliche Hinordnung des Menschen auf Gott auflöst (Sth Ia-IIae q.82 a.3) und wie eine ansteckende geistige Krankheit die Seele des Menschen entstellt, ihm seine Gottebenbildlichkeit raubt und so das „ganze menschliche Geschlecht durchseucht" (Sth IIIa q.1 a.4).
Doch der ewige und unabänderliche Plan Gottes, die von ihm ausgegangenen Flüsse zu ihrem Ausgangspunkt zurückzuholen, läßt sich durch menschliches Fehlverhalten nicht durchkreuzen. „Es war aber notwendig, daß die menschliche Natur, die auf die vorher genannte Weise angesteckt war, durch die göttliche Vorsehung wiederhergestellt wurde. Sie konnte nämlich nur nach Entfernung einer solchen Ansteckung zur vollkommenen Seligkeit gelangen, weil sich die Seligkeit, da sie ein vollkommenes Gut ist, mit keinem Mangel verträgt und namentlich mit keinem Mangel der Sünde, die der Tugend irgendwie entgegensteht; und da der Mensch wegen der Seligkeit erschaffen wurde, weil sie sein letztes Ziel ist, würde also

folgen, daß das Werk Gottes in einem so edlen Geschöpf vereitelt würde, was der Psalmist für unangemessen erachtet, wenn er (Ps 89,48) sagt: *Hast du denn alle Menschenkinder umsonst geschaffen?*" (Comp I, 199).
Seitdem der Vater der Scholastik, Anselm von Canterbury, sein bekanntes Werk *Cur Deus homo* (Warum ist Gott Mensch geworden?) verfaßt hatte, gehörte die Frage nach dem Motiv der Menschwerdung Christi zur Pflichtfrage für jeden scholastischen Theologen. Am verbreitetsten war zur Zeit des Thomas die vor allem von der jüngeren Theologenschule des Franziskanerordens vertretene Antwort, daß Gott, um seinen Schöpfungsplan zu vollenden, auch ohne den Sündenfall Mensch geworden wäre (Schlosser, S. 127–128). Während Thomas in seinen frühen Schriften (Sent III 1, 1, 3) sich noch zu keiner eindeutigen Antwort durchringen kann, finden wir eine solche in der *Summa theologiae:* „Da in der Heiligen Schrift überall die Sünde des Menschen als Grund für die Menschwerdung bezeichnet wird, so sagen wir mit gutem Recht, daß sie von Gott als Heilmittel gegen die Sünde bestimmt war: gäbe es kein Sünde, so gäbe es keine Menschwerdung" (Sth IIIa q.1 a.3). – Ja Thomas sagt sogar, „daß die Fleischwerdung Gottes vor der Sünde der ersten Menschen keinen Sinn gehabt hätte, denn eine Arznei gibt man erst, wenn jemand krank ist" (Sth IIIa q.1 a.5).
Dies bedeutet freilich nicht, daß – gegen das in der Gotteslehre zum Willen Gottes Ausgeführte – die Sünde zur Ursache für das Handeln Gottes wird. Vielmehr zeigt das freie Handeln Gottes, daß dieser bestimmte Absichten hat, für die der Theologe nach Argumenten der Angemessenheit *(Konvenienzargumente)* sucht. In unserem Fall etwa, daß Gott das Böse zuläßt, um etwas Besseres daraus entspringen zu lassen. Thomas führt als Beleg für diesen Gedanken eine Stelle aus der Liturgie, die ihm generell als wichtige theologische Begründungsinstanz gilt, an: „Darum wird bei der Weihe der Osterkerze gesungen: *‚Oh glückselige Schuld, die einen solchen, einen so großen Erlöser gefunden'*" (Sth IIIa q.1 a.5 ad 3).
Wir müssen uns hier auf eines der vielen Konvenienzargumente, die Thomas für die Menschwerdung anführt, be-

schränken. Eines freilich, das sehr typisch für das Denken des Aquinaten ist und uns auch hier die Bedeutung des Leitmotivs, das die ganze *Prima* durchzog, in Erinnerung ruft: Gott ist absolut frei. Er hätte den Menschen auch auf ganz andere Weise erlösen können, als es tatsächlich geschehen ist (Sth IIIa q.1 a.2). Und doch war die Menschwerdung im Hinblick auf das, was Gott mit ihr erreichen wollte – seine eigene Verherrlichung und die Erlösung der Menschen (ScG IV, 54–55) – zuhöchst angemessen. Denn Gott ist die vollendete Güte selbst. Gemäß dem von Thomas aus dem Neuplatonismus übernommenen Axiom, daß der Güte das sich hingebende Verströmen eigen ist, wollte Gott die Menschheit auf vollkommenste Weise erlösen (Sth IIIa q.1 a.1). Unter dieser Bedingung war die Menschwerdung Gottes so, wie sie tatsächlich geschehen ist, notwendig. Denn da die Schuld dadurch, daß sie Gott selbst als unendliches Gut – objektiv gesehen – beleidigt, ebenfalls unendlich ist, bedurfte es „zu einer vollkommen hinreichenden Genugtuung eines Sühneaktes von unendlichem Wert, und den vermag nur ein Gottmensch zu leisten" (Sth IIIa q.1 a.2 ad 2).

In weiten Teilen der Theologie ist heute diese Vorstellung von Genugtuung, die Thomas weitgehend aus Anselms *Satisfaktionstheorie* übernimmt, mannigfacher Kritik ausgesetzt. Dennoch sollte diese Kritik nicht vergessen lassen, was Kardinal Ratzinger bereits vor vielen Jahren bemerkte, daß sich diese Theorie völlig zu Recht auf die Heilige Schrift berufen kann. Der Kardinal fragt: „Ist es schwer, zu sehen, daß trotz aller philosophischen und juristischen Denkmittel, die hier eingesetzt werden, jene Wahrheit leitend bleibt, welche die Bibel in dem kleinen Wörtchen ‚Für' ausdrückt, mit dem sie deutlich macht, daß wir als Menschen nicht nur unmittelbar von Gott, sondern voneinander und letztlich von dem Einen leben, der für alle gelebt hat? Und wer sähe nicht, daß so in der Schematik der Satisfaktionstheorie der Atem des biblischen Erwählungsgedankens deutlich bleibt, für den Erwählung nicht eine Privilegierung des Erwählten ist, sondern die Berufung zum Sein für die anderen?"

JOSEPH RATZINGER, Einführung in das Christentum, 1971, S. 166–167.

Insofern werden hier vorausgehende Themen noch einmal ganz neu beleuchtet. Letztlich zeigt sich in der so grundgelegten Christologie des Thomas nicht nur die absolute Unverdienbarkeit der ersten Gnade, sondern auch, was unserem Denken nicht selten unvereinbar scheint: In Gott als dem *ipsum Esse subsistens* sind absolute Freiheit, überreiche Barmherzigkeit und absolute Gerechtigkeit vollkommen identisch.

Wahrer Gott und wahrer Mensch

Es wurde bereits erwähnt, daß Thomas der erste scholastische Autor ist, der die Akten der ersten fünf Ökumenischen Konzilien im Wortlaut zitiert. Allein 30mal tut er dies bei der Beantwortung der Kernfrage jeder Christologie, welche die Tatsache, daß Jesus zugleich ganz Gott und echter Mensch war, zu erklären sucht. Oder theologisch genauer: wie die Vereinigung der zweiten göttlichen Person mit der menschlichen Natur zu verstehen ist.

Am Anfang seiner Christologie stehen zwei für Thomas fundamentale Einsichten, die sich der Theologe, will er nicht auf den Holzweg geraten, immer vor Augen halten muß.

Zunächst das demütige und vom Staunen getragene Zugeständnis, daß es sich bei dieser Vereinigung um ein „für uns unaussprechliches" (Comp I, 211) Mysterium, um das „unter allen Geheimnissen erhabenste Geheimnis" (Sth Ia q.57 a.5) handelt. Von daher ist hier die theologische Vernunft in besonderer Weise auf das Dogma der Kirche als dem Apriori ihrer gesamten Arbeit angewiesen (ScG IV, 54). Die Irrlehrer, die im Laufe der Geschichte aufgetreten sind, haben dies nicht beachtet und so das Mysterium der Vereinigung von Gott und Mensch verfehlt. Thomas, auch hierin ganz Systematiker und eben nicht Theologiehistoriker, teilt sie in zwei Gruppen. Zum einen jene Irrlehrer, die die beiden Naturen so intensiv zusammensehen, daß sie diese vermischen. Auf der anderen Seite jene, welche den Unterschied zwischen beiden Naturen so sehr betonen, das sie in Jesus Christus letztlich zwei Personen annehmen müssen, die nur ein rein äußerliches, moralisches Band verbindet (IIIa q.2 a.6).

Es ist unschwer zu erkennen, daß beide Gruppen sich diametral gegenüberstehende Positionen darstellen. Vielleicht ist die Antwort, die Thomas auf diese beiden Extreme gibt, eine der typischsten Antworten dieses Theologen überhaupt. Denn sie spiegelt sich in seinem ganzen Werk und der diesem zugrundeliegenden Methode des Sowohl-als-auch (der sog. *Analektik*): Beide extreme Positionen kann man „nicht als freie Meinungen gelten lassen, sie sind vielmehr Irrlehren, welche die Kirche verurteilt hat ... Der katholische Glaube aber schlägt den Mittelweg [zwischen diesen beiden Extremen] ein. Er lehrt: die Vereinigung von Gott und Mensch vollzog sich weder in der Natur, noch war sie eine rein äußerliche, sondern sie bestand in einer Vereinigung in der Person oder Hypostase. Daher lesen wir in den Akten des V. Konzils: ... ‚Die heilige Kirche Gottes aber verwirft beide Ketzereien und bekennt, daß die Vereinigung des Wortes Gottes mit seiner Menschheit sich in der Person vollzog'" (Sth IIIa q.2 a.6). Wegen dieser Einigung in der Person wird diese Vereinigung zutreffend *hypostatische Union* genannt. Durch sie ist gewährleistet, daß Christus eine einzige Person ist, die aber eine doppelte „Aufgabe" hat, nämlich die göttliche und die menschliche Natur zu „tragen" (Sth IIIa q.2 a.4). Spiegelbildlich zur Erklärung der Trinität, bei der mehrere in einer einzigen Natur subsistierende Personen sind, glauben wir „im Geheimnis der Fleischwerdung eine einzige, in mehreren Naturen subsistierende Person" (ScG IV, 39).

Zur **Analektik** nach wie vor grundlegend: BERNHARD LAKEBRINK, *Hegels dialektische Ontologie und die Thomistische Analektik*, 1955.

Der objektive Zug und die große Ausgeglichenheit des katholischen Glaubens, die Thomas in seiner Theologie abzubilden fest entschlossen ist, hat bei näherem Hinsehen aber auch einen individuellen Zug. Und zwar dort, wo der Theologe, ausgehend von den feststehenden Vorgaben der Offenbarung, in einer „sorgsamen und frommen Betrachtung ... immer wunderbarer in die Tiefen dieses Heilsgeheimnisses eindringt" (ScG IV, 54), um genauer zu klären, welche Konsequenzen diese Vereinigung für die Person und die beiden Naturen hat. Wie der Irrweg des Nestorius zeigt, ist es unmöglich, daß die menschliche Natur, wird sie in die göttliche Person als ihrer Trägerin aufgenommen, noch eine eigene Persönlichkeit nebenher besitzt. Durch die hypostatische Union ist tatsächlich die „göttliche Person der Bildung einer menschlichen Person zuvorgekommen“ (Sth IIIa q.4 a.2 ad 3). Der angenommenen Menschennatur fehlt also in gewissem Sinne die ihr gemäße letzte Vollkommenheit (Sth IIIa q.2 a.2 ad1). Person zu sein, heißt aber in erster Linie, das Sein „auszuüben“ (Sth IIIa q.17 a.2). Zugleich lassen sich, wie bereits als eines der grundlegenden Leitmotive des thomistischen Denkens dargelegt, Sein und Wesen bzw. Natur real unterscheiden. Da in Christus aber nur eine einzige Person angenommen werden kann, so gibt es in ihm auch nur ein einziges Sein. Das heißt, der Menschheit Christi kommt kein eigenes geschaffenes Sein zu (Comp I, 212). Thomas sieht also kein absolutes gleichberechtigtes Gott- und Menschsein Jesu. Auch in der Inkarnation bleibt der Unterschied zwischen Gott und Mensch deutlich erhalten. Die menschliche Natur bleibt ganz der dominanten göttlichen Natur und Person untergeordnet und erhält ihr Sein vom göttlichen Sein des ewigen Wortes, durch das sie allein real ist (Sth IIIa q.17 a.2 ad 2).

Bezüglich des **einzigen Seins in Christus** gibt es in der Thomasforschung eine lange Kontroverse, ob Thomas diese Position gegen Ende seines Lebens in der Schrift *De unione verbi incarnati* aufgegeben hat. Dazu Torrell, S. 220–221.

Gegenüber der Franziskanertheologie seiner Zeit, besonders jener des Duns Scotus, und auch der meisten heute meinungsführenden Christologien, die alle die Menschheit Christi überstark betonen, steht in der Christologie des Thomas die Göttlichkeit Jesu im hell erleuchteten Vordergrund. Insofern birgt sie zwar auch immer, wie Anton Ziegenaus festgestellt hat, die Gefahr, bei einer Überinterpretation das „echte Menschsein Jesu zu verkürzen.“ In der heutigen Zeit stellt sie aber mit ihrer Betonung der Göttlichkeit Christi vielmehr ein Kontrastprogramm zur gegenwärtigen Theologie, einen unersetzlichen Beitrag zu der

Johannes **Duns Scotus** (1266–1308) gilt neben Bonaventura als der bedeutendste Denker des Franziskanerordens. Der von ihm ausgehende „Skotismus“ war über Jahrhunderte wichtigster Gegenentwurf zum Thomismus.

ANTON ZIEGENAUS, *Jesus Christus. Die Fülle des Heils. Christologie und Erlösungslehre*, 2000, S. 95.

JOACHIM KARDINAL MEISNER, *Die Aufgabe unserer Zeit: das Gott-menschliche Gleichgewicht von Chalzedon wiederfinden,* in: *Lebendiges Zeugnis* 52 (1997) S. 85–91.

von Kardinal Meisner zurecht geforderten Wiedergewinnung des der katholischen Doktrin eigenen christologischen Gleichgewichts dar.

Betrachtet man den ganzen Christologietraktat des Thomas, kann man zudem erkennen, daß er der beschriebenen Gefahr in gewissem Sinne einen Riegel vorgeschoben hat. Denn die überhelle Betonung der göttlichen Person und Natur in Jesus Christus bedeutet nichts weniger, als daß damit die menschliche Natur im Heilsgeschehen in den dunklen Hintergrund der Bedeutungslosigkeit gerückt wird. Das der menschlichen Natur Fehlende wird durch die Vereinigung mit der göttlichen Person mehr als ausgeglichen. Sie enthält durch diese Union „eine neue, über die menschliche Natur hinausgehende Vollkommenheit" (Sth IIIa q.4 a.2). Besonders ist die menschliche Natur mit einer einzigartigen Gnadenfülle ausgestattet, die aus der hypostatischen Union wie der Lichtglanz aus der Sonne fließt (Sth IIIa q.7 a.1; Comp I, 214). Dennoch gilt immer, daß sie erst durch ihre Verbindung mit der Gottheit zum Medium, zum „Werkzeug der Heilsliebe Gottes" (Otto H. Pesch) wurde, durch das den Menschen die Fülle aller Gnaden, die Christus nur als Gott verdienen kann (Sth IIIa q.8 a.1 ad1), übermittelt wird: „Weil also der Mensch Christus als Eingeborener vom Vater die höchste Fülle der Gnade erlangte, folgte, daß sie von ihm auf andere überströmte, so daß der menschgewordene Sohn Gottes die Menschen zu Göttern und Söhnen Gottes machte" (Comp I, 214).

OTTO H. PESCH, *Thomas v. Aquin,* in: Lexikon für Theologie und Kirche, 2. Aufl., Bd. X, 1965, Sp.132.

Während das Geprägtsein der menschlichen Natur Jesu durch eine einzigartige Gnadenfülle in den Ausführungen des Thomas zum Wissen Christi besonders deutlich wird, zeigt sich die Übermittlung dieser Gnadenfülle an die Menschen sehr anschaulich in dessen Lehre von der Kirche.

Vollendet und unvollendet zugleich? Das Wissen Christi

Beim Menschen spielt der Erwerb von Kenntnissen durch Betätigung des Abstraktionsvermögens *(intellectus agens)* eine große Rolle. Will man mit dem Glaubenssatz, daß Christus die ganze menschliche Natur angenommen hat, Ernst machen, muß er – so die endgültige Meinung des Thomas in der *Summa theologiae* (Sth IIIa q.9 a.1; ebd. q.12 a.1–4) – auch ein echt menschliches, erworbenes Wissen besessen haben.

Aber dies ist nicht das Besondere an dem Wissen der Seele Christi. Ihre enge Verbindung mit der göttlichen Person wird für Thomas in ihrer ganzen Tragweite erst deutlich, wenn man bedenkt, „daß die Seele Christi unter allen Geschöpfen die höchste Stufe der Erkenntnis innehatte“ (Comp. I, 216). Dies zeigt sich am intensivsten in der Vorstellung, daß die Seele Christi sofort mit dem Beginn der hypostatischen Union, also in jenem Augenblick, in dem das Wort in Maria Fleisch wurde, die selige Gottanschauung besessen hat: „Die Seele Christi ist mit dem Wort Gottes durch die Personeinheit enger verbunden als jedes andere Geschöpf. Darum empfängt sie in reicherem Maße als irgendein Geschöpf den Strom des Lichtes, in dem Gott vom Worte selbst geschaut wird. Und deshalb schaut sie auch am tiefsten von allen die Urwahrheit, das Wesen Gottes“ (Sth IIIa q.10 q.1 a.4). Thomas scheut sich deshalb auch nicht, Christus allwissend zu nennen, in dem Sinne, daß er die „volle Kenntnis von allem hat, was ist, sein wird oder gewesen ist“ (Comp I, 216).

Christus war also, wie die Scholastik sagt, *simul viator et comprehensor.* Das heißt, er war zum einen noch unterwegs, indem er zu erworbenen Erkenntnissen gelangte, und zugleich schon in der Vollkommenheit, dem Vollbesitz allen erwerbbaren Wissens, angekommen. Daß dieses Zusammensein von Fortschritten in der Erfahrungserkenntnis *(cognitio experimentalis)* und Erkenntnis, die „von Anfang an vollendet war“ (Sth IIIa q.12 a.2 ad 1), Logik und Psychologie ein Rätsel sein muß, ist kaum zu übersehen. Es würde hier zu weit führen,

Den nach wie vor besten Einblick in die Forschungslage zum **Wissen Christi** bei Thomas bietet ein Sonderband der Zeitschrift *Doctor Communis*, hrsg. v. Antonio Piolanti, *La visione beatifica di Cristo Viatore*, 1983 (= DocCom 36 [1983] S. 121–411).

die uns Heutigen bisweilen etwas hilflos gekünstelt erscheinenden und sich im Laufe seines wissenschaftlichen Arbeitens verändernden Versuche des Thomas vorzustellen, dieser Problematik Herr zu werden (Comp I, 216; Sth IIIa q.12 a.3), geschweige denn einen Einblick in diesbezüglichen heftigen Kontroversen der jüngeren Thomasforschung zu geben. Innerhalb der Ausführungen zum Wissen Christi fällt ein Argument für dessen vollendeten Zustand auffällig häufig: Christus mußte den beschriebenen eminenten Schatz an Weisheit besitzen, da er zum Lehrer aller Menschen bestellt ist. Dies kann er aber nur, wenn er das zu Vermittelnde bereits in Fülle besitzt (Sth IIIa q.12 a.3). Ähnlich ist es mit der Vermittlung der Gnade überhaupt. Da sie die menschliche Natur aufgrund ihrer Verbindung mit der Quelle der Gnade selbst in Fülle besitzt, kann sie sie an das Menschengeschlecht weitervermitteln, gemäß dem Schriftwort aus dem Johannesevangelium (1,16): „Aus seiner Fülle haben wir alle empfangen, Gnade um Gnade“ (Sth IIIa q.7 a.1). Damit werden unsere Blicke auf die Kirche gelenkt. „Denn wie Christus“, schreibt Hans Kindlimann, „seiner Menschheit nach Ursache der Heiligung der Menschen ist, so vollzieht sich durch ihn auch der Aufbau der Kirche als Gnadengemeinschaft.“

Hans Kindlimann, *Zu den Beziehungen zwischen dem Sakrament als Gnadenmittel und dem Glauben der es spendenden Kirche*. in: *Doctor Angelicus* 1 (2001) S. 113.

Gleichsam eine mystische Person mit Haupt und Gliedern - die Kirche

Auch die, die Thomas nur oberflächlich kennen, wissen, daß dieser keinen eigenen Traktat über die Kirche *(Ekklesiologie)* verfaßt hat. Dennoch finden sich in der *Tertia* zahlreiche Grundideen, die uns eine Rekonstruktion dessen erlauben, was Thomas unter der Kirche verstanden hat. Die gesamte Ekklesiologie des Aquinaten gründet auf der ursprünglich paulinisch-augustinischen, aber von Thomas unter Verwendung einiger bedeutender griechischer Väter in seine Synthese eingebauten

Idee von der Kirche als dem mystischen Leib Christi: „Wie nämlich der natürliche Leib, bestehend aus einer Verschiedenheit von Gliedern, einer ist, so betrachtet man auch die ganze Kirche, die der mystische Leib Christi ist, gleichsam als eine Person mit ihrem Haupte, welches Christus ist“ (Sth IIIa q.49 a.1). Die Gnade des Hauptes ist die „Kraftquelle, aus der sich alle Gnade in die Glieder der Kirche ergießt“ (Sth IIIa q.8 a.1). Ihre unübertreffliche Fülle verlangt geradezu danach, sich auszubreiten und auf die Menschen überzuströmen (Comp I, 214). Ausgehend vom Kolosser- (1,16) und Epheserbrief (1,21) ist Christus zwar ganz allgemein Haupt des Universums und damit aller Menschen. Zuerst und hauptsächlich jedoch ist er Haupt der triumphierenden Kirche, also jener, die ihm durch die beseligende Schau in der himmlischen Herrlichkeit vollkommen vereinigt sind. Dann derer, die ihm im Pilgerstand durch die übernatürlichen Tugenden der Liebe und des Glaubens verbunden sind oder gemäß der ewigen Vorherbestimmung im Laufe ihres irdischen Lebens noch sein werden. Im eingeschränkten Sinn ist er aber auch Haupt der Menschen, die ihm potentiell durch den allgemeinen Heilswillen, mit dem Gott jeden Menschen retten möchte, angehören, und die doch aus eigener Verfehlung die ewige Seligkeit nicht erreichen und so mit dem Tod, als dem Ende ihres irdischen Pilgerstandes, endgültig aufhören, Glieder Christi zu sein (Sth IIIa q.8 a.3). Thomas geht sogar so weit, den Teufel als Haupt jener vernünftigen Geschöpfe zu bezeichnen, die durch die Sünde vollkommen von Gott abgefallen sind und so dessen Leib bilden (Sth IIIa q.8 a.7). Bei der Verbindung Satans mit den Bösen handelt es sich aber nur um eine äußerliche Einheit. Dies ist beim mystischen Leib Christi ganz anders. Er wird durch das physische, weil gnadenhafte Verbundensein mit Christus gebildet.

Ist Christus gleichsam das Haupt der Kirche, so kann man den Heiligen Geist, aufgrund seines verborgenen Wirkens in den Seelen der Gläubigen, nach Thomas mit dem Herzen oder der Seele vergleichen (Sth IIIa q.8 a.2 ad 3). Denn es ist der von Christus geschenkte Heilige Geist, der, wie das Herz den Leib, so die Kirche belebt (Sth IIa-IIae q.183 a.2 ad 3). Die gesamte Kirche ist auferbaut aus der von Christus geschenkten Gnade des Heiligen Geistes, zu der hinzuführen zugleich ihr vornehmster Auftrag ist. Alle ihre Lebensäußerungen sind letztlich Hinführung bzw. Mittel zu oder Auswirkung bzw. Frucht dieser Gnade.

Das bisher vom Kirchenbild des Thomas Wiedergegebene scheint auf einen stark spiritualisierten Kirchenbegriff hinzudeuten, in dem die Kirche fast ausschließlich als unsichtbares, übernatürlich-mystisches Geheimnis der Gnade gesehen wird. Dieser erste Eindruck ist nicht ganz falsch. Tatsächlich bildet die zentrale Rolle, die die Kirche als übernatürlich-göttliches Mysterium im Denken des Thomas spielt, einen starken Kontrast zu dem heute weithin verbreiteten Kirchenbild. Setzt man diesen Kontrast nicht einseitig absolut, kann er, ähnlich wie in der Christologie, ein wichtiges Korrektiv darstellen. Wieder im Sinne Joseph Ratzingers, der fordert: „Nicht eine menschlichere Kirche brauchen wir, sondern eine göttlichere …“

Joseph Kardinal Ratzinger, *Zur Gemeinschaft gerufen*, 1991, S.136.

Doch auch hier verfällt Thomas nicht extremer Einseitigkeit, sondern weiß sich dem katholischen Mittelweg verpflichtet. Wie seine Sakramentenlehre noch anschaulich zeigen wird, verlangt nach Thomas die Gesetzlichkeit des Neuen Bundes (Sth Ia-IIae q.108 a.1), der auf dem Sichtbarwerden Gottes in der Fleischwerdung gründet, geradezu nach einer sichtbaren Manifestation dieser unsichtbaren Gnade, die Christus mit den Christen verbindet und diese so zu einer sichtbar verfaßten Gemeinschaft werden läßt. Schon in seinem Sentenzenkommentar bemerkt Thomas, daß die Schönheit der Kirche zwar „vornehmlich in ihrem Inneren besteht. Ihre Lebensäußerungen nach außen gehören aber zu dieser Schönheit, insofern sie vom Inneren hervorgehen und die innere Schönheit schützend wahren“ (Sent. IV 15, 3, 1 sol.4). In der *Tertia* wird endgültig klar: Die Grundstruktur der Inkarnation fordert die Kirche auch als Institution, die Rückkehr der Geschöpfe zu Gott, dem die ganze *Secunda* gewidmet ist,

Zur zentralen Rolle des **Manifestatio-Begriffes** bei Thomas: Christoph Berchtold, *Manifestatio veritatis. Zum Offenbarungsbegriff bei Thomas von Aquin*, 2000.

findet in der sichtbaren Kirche statt. Diese aber wird, wie ihr Titel „Gemeinschaft der Gläubigen“ *(congregatio fidelium)* sagt, gebildet aus dem Glauben, der aufgrund der leib-seelischen Natur des Menschen immer auf der Manifestation Gottes in der Offenbarung nach außen fußt und zugleich nach einer Manifestation nach außen, auf sein Bekenntnis ausgerichtet ist. Aus der Heilsnotwendigkeit des Glaubens leitet sich folglich die Heilsnotwendigkeit der Kirche ab (Sth IIIa q.10 a.8). Untrennbar davon wird die Kirche aber zugleich auch durch die Sakramente erbaut (Sth IIIa q.64 a.2), in denen die Kirche ihren Glauben sichtbar vollzieht.

Zusammenfassend läßt sich bezüglich der Ekklesiologie des Aquinaten feststellen: „Thomas gewinnt die richtige Mitte zwischen einer äußerlichen, rein juristischen Auffassung der Kirche und einer in nebelhaftem Subjektivismus sich auflösenden Anschauung von ihrem Wesen“ (Grabmann, S. 149). Eindrucksvoll wird sich dieses Gleichgewicht auch in der im folgenden Kapitel dargestellten Sakramentenlehre des Thomas zeigen, die gleichsam eine Fortsetzung der Christologie unter ekklesiologischem Aspekt bildet.

Wirklichkeit vom fleischgewordenen Wort: die Sakramente

In den vergangenen Jahrzehnten wurde im Zusammenhang mit der Befreiungstheologie die Verhältnisbestimmung von *Orthopraxie* (richtigem Handeln) und *Orthodoxie* (richtiger Lehre) intensiv diskutiert. Auch in den neueren Kontroversen um die rechte Form christlicher Existenz in der heutigen Zeit spielt diese Relationsbestimmung eine entscheidende, wenn auch selten ausdrücklich thematisierte Rolle. Häufig ist dabei unschwer zu erkennen, daß viele der vertretenen Positionen Erbstücke der deutschen Aufklärungsphilosophie des 18. Jahrhunderts sind. Das Denken einer der bedeutendsten Vertreter dieser Geistesbewegung, Gotthold Ephraim Lessings (1729–1781), ist fundamental geprägt von dem Wunsch, das Christentum von der abstrakten Lehre weg- und zur alltäglichen Praxis zurückzuführen. Dieser Wunsch ist Ergebnis eines Problems, dessen Lösung Lessing verwehrt geblieben war. Nämlich der Frage, wie der „garstige Graben" überbrückt werden kann, der zwischen den heutigen Gläubigen und den längst vergangenen Ereignissen der Geschichte, die diesen Glauben einst begründeten, klafft. Einer Frage, die in gewissem Sinne für den Christen immer aktuell ist: Wie kann ich Christus auch heute begegnen? Wie seiner Erlösungstat, die einmal geschehen, nicht wiederholt werden kann, teilhaftig werden?

Gotthold Ephraim Lessing, *Gesammelte Werke* [Ed. Rilla], Bd. VIII, 1956, S. 14.

Thomas hat die Lösung, die Lessing zu finden verwehrt geblieben war, in dem liturgischen Handeln *(consuetudo)* der Kirche gefunden, das für ihn „höchste Autorität" beanspruchen kann (Sth IIa-IIae q.10 a.12) und das im sakramentalen Leben sein Zentrum besitzt.

Dies klingt schon sehr deutlich an, wenn Thomas seine Christologie mit der Abhandlung über die Sakramente mit den Worten verbindet: „Nach der Untersuchung über die Geheimnisse des fleischgewordenen Wortes sind die Sakramente der Kirche zu behandeln, die vom fleischgewordenen Worte selbst Wirksamkeit haben" (Sth IIIa q.60 prol.).

Der Tod Christi als „Sakrament des Heils"

In den Quaestionen 46 bis 59 der *Tertia* behandelt Thomas die Geheimnisse des Lebens Christi *(mysteria vitae Christi).* Im Mittelpunkt stehen dabei für den Aquinaten das Erlöserleiden und der Tod Christi (qq.46–52), was schon durch die Ausführlichkeit und Sorgfalt, mit der er über diese spricht, zum Ausdruck kommt.

Wir haben bereits angedeutet, daß für Thomas die Erlösung so, wie sie tatsächlich geschehen ist, bedingt durch den ewigen Ratschluß Gottes, uns aus übergroßer Barmherzigkeit auf vollkommene Weise zu erlösen, notwendig war (Sth IIIa q.46 a.1). Damit ist auch klar, daß die ganze Dreifaltigkeit die erste Ursache unserer Erlösung selbst ist. Die unmittelbare Ursache jedoch ist Christus, und zwar „insofern er Mensch ist" (Sth IIIa q.48 a.5). Dabei wird die Rolle der Annahme der menschlichen Natur und deren Funktion im Erlöserleiden mit der aristotelischen Lehre von der *Instrumentalursächlichkeit* beschrieben: Verursacht die *Hauptursache,* hier der eine und dreifaltige Gott, die Wirkung durch eigene Kraft, tut dies die *Instrumentalursache,* hier die menschliche Natur Christi, durch die Kraft, die ihr von der Hauptursache geschenkt wird. Während Karl Rahner diese Lehre als „formalistisch dünn" ablehnte, hat Yves Congar festgestellt, daß es gerade eines der großen Verdienste des Thomas war, den hilfreichen „Gedanken der instrumentalen Kausalität der Menschheit Jesu in die Theologie … eingeführt zu haben." Wie man sie auch einschätzt, feststeht, daß die Instrumentalursächlichkeit eine zentrale Rolle in der Erlösungs- und Sakramentenlehre des Thomas spielt: „Weil nämlich die Menschheit Christi ‚Werkzeug der Gottheit' (Johannes von Damaskus) ist, wirken folgerichtig alle Tätigkeiten und Leiden Christi in der Kraft der Gottheit werkzeuglich auf das menschliche

KARL RAHNER, *Schriften zur Theologie,* Bd.1, 1957, S. 216–217.
YVES CONGAR, *Handbuch der Dogmengeschichte,* Bd. III/3c, 1972, S. 152.

Heil hin. Demnach verursacht das Leiden Christi wirkursächlich das menschliche Heil" (Sth IIIa q.48 a.6).
Mit der Kategorie der *Wirkursächlichkeit* gelingt es Thomas, die Erlösung ganzheitlich, d. h. stets mit Blick auf den ganzen Christus und den ganzen zu erlösenden Menschen zu betrachten. Denn sie sorgt dafür, daß in eben jener Natur die Genugtuung und Erlösung von der Sünde stattfand, in der gesündigt worden war, daß das Leiden Christi sowohl unser Heil verdient als auch verursacht hat: „Bringt man das Leiden Christi zu seiner Gottheit in Beziehung, so ist es wirksam als Wirkursache; bringt man es aber zum Willen Christi in Beziehung, so wirkt es als Verdienst; betrachtet man es dagegen, sofern es sich im Leibe Christi selbst vollzieht, so wirkt es als Genugtuung, sofern wir dadurch aus der Strafverhaftung befreit werden; als Loskauf, sofern wir dadurch von der Knechtschaft der Schuld befreit werden, als Opfer, sofern wir dadurch mit Gott versöhnt werden" (Sth IIIa q.48 a.6 ad 3).
Diese Versöhnung mit Gott geschieht aber nicht in einem Automatismus. Das macht Thomas in seinem Kommentar zum ersten Timotheusbrief sehr schön deutlich: „Christus ist die Genugtuung für unsere Sünden, für einige wirksam *(efficaciter)*, für alle aber lediglich hinreichend *(sufficienter)*, weil das Lösegeld seines Blutes für das Heil aller ausreicht, aber nur für die Auserwählten tatsächlich wirksam wird und die anderen ein Hindernis setzen" (In I ad Tim II,6 lect.1).
Damit sind wir aber wieder bei der Frage Lessings angekommen, wie diese hinreichende Erlösung im konkreten Menschen wirksam wird, wie uns heute das „Lösegeld seines Blutes" erreichen kann. Die Antwort des Thomas wird am besten deutlich in einem Gedanken, den er von den Kirchenvätern übernimmt und der auch in der mittelalterlichen Mystik eine große Rolle spielt: Blut und Wasser, die aus der geöffneten Seite Christi am Kreuz entströmten, sind Sinnbilder für die Sakramente, zunächst für Taufe (Wasser) und Eucharistie (Blut), „welches die wichtigsten Sakramente sind" (Sth IIIa q.62 a.5). Der Tod Christi ist das Ursakrament, das „Sakrament des Heils" schlechthin (Comp I, 227). Der eine Strom der Erlösung, aus der Sei-

te Christi zu einem bestimmten Zeitpunkt der Geschichte und an einem bestimmten Ort der Welt eröffnet, faltet sich zeit- und raumüberwindend auf in den siebenfältigen Strom der Sakramente, der die damaligen Heilsmysterien gegenwärtig setzt, die Kirche bildet und sich so, als unversiegbare Quelle in die Zeit hinein fortsetzt bis zur Wiederkehr Christi am jüngsten Tag (Sth Ia q.92 a.3; ScG IV, 56).

Ursachen und Zeichen der Gnade

„Was sind die heiligen Sakramente, wenn nicht die um Heiligung der Menschen sich mühende heilige Menschheit Jesu?" hat vor vielen Jahren der französische Thomist und Dominikanerpater Vincent-Marie Bernadot gefragt. – In der Tat betrachtet Thomas die Sakramente als Verlängerung der Inkarnation und in einer groß angelegten Analogie zur immer mit der Person des Logos verbundenen Natur Christi. Dies kann er deshalb, weil er davon überzeugt ist, daß „die das Heil bringende Kraft von der Gottheit Christi her durch seine Menschheit in die Sakramente geleitet wird" (Sth IIIa q.61 a.5). Entsprechend wird auch hier die *Instrumentalursächlichkeit* als Erklärungsmodell eingesetzt. Wie uns alle von Christus verdienten Gnaden objektiv über seine Menschheit als das immer der Gottheit vereinte Werkzeug zufließen, so werden uns diese Gnaden subjektiv durch die Sakramente, die ebenfalls instrumentale Ursachen der Gnade sind, zugeleitet (Sth IIIa q.62 a.3). Dies ist der Grundgedanke, der die gesamte Sakramentenlehre des Thomas als Leitmotiv durchzieht und ihr trotz der vielen verschiedenen Quaestionen einen einheitlichen Grundzug verleiht.

VINCENT-MARIE BERNADOT, *Durch die Eucharistie zur Dreifaltigkeit*, 1927, S. 64.

Dieser Grundgedanke zeigt sich schon bei der Definition des Sakraments, die Thomas gibt: Es ist Zeichen *(signum)* und Ursache *(causa)* der Heilswirklichkeit. Wie das Wort auch im Hinblick auf die leib-seelische Konstitution des Menschen, dessen Erkennen immer vom Sichtbaren zum Unsichtbaren vordringt, Fleisch geworden ist, so „ist für den Menschen durch göttlichen Einfluß vorgesorgt, daß er auch in den Sinnendingen eine Erinnerung an das Göttliche habe, um dadurch das Streben des Menschen stärker auf das Göttliche zu ziehen … Es bieten sich daher dem Menschen auch gewisse Heiligungen durch Sinnendinge, die ihn waschen oder salben, nähren oder tränken, verbunden mit dem Aussprechen hörbarer Worte: damit dem Menschen durch Sinnendinge vergegenwärtigt werde, daß sich in ihm ein Wirken geistiger Gaben vollzieht, die von außen, von Gott stammen …" (ScG III, 119). Entsprechend dieser „göttlichen Pädagogik" wird das heiligende Wirken Gottes im Sakrament zeichenhaft „greifbar": Sakrament ist das sichtbare „Zeichen einer heiligen Sache, sofern sie die Menschen heilig macht" (Sth IIIa q.60 a.2).

Das Sakrament ist unter einem dreifachen Aspekt als Zeichen zu bezeichnen: Es ist ein „erinnerndes Zeichen, dessen, was vorausgegangen ist, nämlich des Todesleidens Christi, ein hinweisendes Zeichen auf das, was in uns durch Christi Leiden bewirkt wird, nämlich der Gnade; wie auch ein vorherverkündendes Zeichen der zukünftigen Herrlichkeit" (Sth IIIa q.60 a.3). Auf diese Weise verbindet dieses Zeichen gleichsam Vergangenheit, Gegenwart und Zukunft miteinander und wird so zum Abglanz der göttlichen Ewigkeit im Leben seiner vernünftigen Geschöpfe. Zudem zeigt sich natürlich hier in besonderer Weise der bereits erwähnte Wille Gottes, die einmal geschehenen, unwiederholbaren Mysterien des Heils fortdauern zu lassen.

Besonders schön wird der zeichenhafte Zusammenhang von geistig-übernatürlichem und leiblich-natürlichem Leben von Thomas dort deutlich gemacht, wo er die Siebenzahl der Sakramente begründet und damit in der Theologiegeschichte einen Meilenstein für die Festigung einer vor dem 12. Jahrhundert noch nicht direkt bezeugten Lehre setzt, die das Konzil von Trient in Abgrenzung zum Protestantismus dogmatisieren wird (DH 1601): Der natürlichen Geburt entspricht das Geborenwerden des Menschen zum übernatürlichen Leben in der Taufe, dem Genährtwerden durch Speise und Trank die übernatürliche Nahrung der heiligen Eucharistie, dem Bedürfnis nach Arznei bei Krankheit die Heilung des Sünders durch die

Buße, der Stärkung im Todeskampf die Letzte Ölung [Krankensalbung], die den Menschen zum ewigen Leben rüstet. Wie die natürliche Ordnung der Gesellschaft verschiedene Aufgaben und „Stände“ kennt, so auch die übernatürliche die „Standessakramente“ Ehe und Priesterweihe (Sth IIIa q.65 a.1).
Die Sakramente sind aber nicht bloße Zeichen, sondern wirkliche Ursachen der Gnade. Dabei stehen Zeichen- und Ursachecharakter in einem Verhältnis wechselseitiger Ursächlichkeit: Die Sakramente sind „zugleich Ursache und Zeichen“ (Sth IIIa q.62 a.1 ad 1). „Indem sie bezeichnen, wirken sie ursächlich die Gnade“ (Sent. IV 23, 1, 1, 2). Damit kultiviert Thomas aber keineswegs ein magisches Sakramentsverständnis. Denn die Ursächlichkeit der Sakramente geht für ihn letztlich zuallererst auf Gott zurück, weil er die Hauptursache der Gnade ist. Daraus folgt, daß die Sakramente nicht vom Menschen gemacht sind, um sich Gott zu nähern oder sich gar seines Wohlwollens durch bestimmte Handlungen zu bemächtigen, sondern „daß Gott allein Sakramente einsetzt“ (Sth IIIa q.64 a.2). Zu dieser ersten Ursache der Sakramente „verhält sich die Menschheit Christi wie ein naturverbundenes, das Sakrament wie ein getrenntes Werkzeug“ (Sth IIIa q.62 a.5). Und „wie das Fleisch Christi aufgrund seiner Verbundenheit mit dem Wort die werkzeugliche Kraft besessen hat, Wunder zu tun, so wirken die Sakramente durch die Verbundenheit mit Christus …“ (Quodl. XII, 14). Weil die Menschheit Christi jedoch „ein mit der Gottheit der Person verbundenes Werkzeug ist, besitzt sie eine gewisse Ursprünglichkeit und Ursächlichkeit gegenüber den äußeren Werkzeugen, welche die Diener der Kirche und die Sakramente sind“ (Sth IIIa q.64 a.3). Christus ist also, insofern er Gott ist, der Urheber der Sakramente, insofern er Mensch ist, ist er der eigentliche Spender der Sakramente. Die „Diener der Kirche“, die die Sakramente zu spenden haben, sind nur sekundäre, stets vom Hauptspender abhängig bleibende Sakramentenspender. Ja Thomas sagt sogar: Obwohl Christus der Kirche diese besondere Gewalt, die er seiner Menschheit nach inne hatte, hätte mitteilen können, hat er es nicht getan, um die Einheit der Kirche zu wahren und den Zu-

sammenhang aller Gnadenvermittlung mit der Quelle aller Gnade, Christus selbst, deutlich zu erhalten (Sth IIIa q.64 a.4). Daher kommt es auch, daß die Kirche den Ritus der Sakramentenspendung nur in unwesentlichen Dingen verändern kann. Was zum Wesenskern der Sakramente gehört (etwa die Taufformel und Wasser als „Materie" der Taufe oder der männliche Weiheempfänger bei der Priesterweihe) steht nicht in ihrer Verfügungsgewalt (Sth IIIa q.64 a.2 ad 1).
Wie aktuell diese Einsicht ist, hat erst jüngst wieder das Apostolische Schreiben *Ordinatio Sacerdotalis* (22. Mai 1994) gezeigt. In diesem hat der Papst die Unmöglichkeit der Zulassung der Frauen zur Priesterweihe definitiv festgestellt mit dem Hinweis, „daß die Kirche keinerlei Vollmacht hat, Frauen die Priesterweihe zu spenden".

Das wichtigste unter allen Sakramenten: die heilige Eucharistie

Es würde den Rahmen einer ersten Begegnung mit Thomas weit sprengen, auf alle seine Ausführungen zu den Einzelsakramenten einzugehen. Dennoch kann an einem der sieben Sakramente, das im Leben des Thomas die vielleicht zentralste Rolle überhaupt gespielt hat, nicht vorübergegangen werden. Noch in seinem Traktat über die Sakramente im allgemeinen lesen wir: „An sich ist das Sakrament der Eucharistie das wichtigste unter allen Sakramenten" (Sth IIIa q.65 a.3).

Das **Konzil von Trient** (1545–1563) legte als Reaktion auf den Protestantismus die Grundlagen für die Reform (v.a. im Sinne einer inneren Erneuerung) der katholischen Kirche.

Kurz bevor das Konzil von Trient in seiner 13. Sitzung 1551 feststellt, daß in der heiligsten Eucharistie der „Leib und das Blut zusammen mit der Seele und Gottheit unseres Herrn Jesus Christus und daher der ganze Christus enthalten sind" (DH 1651), lehrt es: „Durch die Konsekration des Brotes und Weines geschieht eine Verwandlung der ganzen Substanz des Brotes in die Substanz des Leibes Christi, unseres Herrn, und der ganzen Substanz des Weines in die Substanz seines Blutes. Diese Wandlung wurde von der heiligen katho-

lischen Kirche treffend und im eigentlichen Sinne Wesensverwandlung (Trans-substan-tia-tion) genannt" (DH 1642).
Wenn auch Thomas nicht als „Erfinder" der *Transsubstantiationslehre* und der *Realpräsenz*, die das Konzil hier lehrt, gelten kann, so haben beide doch in Thomas ihren wichtigsten Wegbereiter. Wie sehr Thomas diese Lehren, die sozusagen die Krönung seiner Eucharistielehre bilden, bereits als dem Theologen vorgegebene Daten ansah, wird etwa im *Lauda Sion,* dem Gesang, den Thomas für die Meßfeier des Fronleichnamsfestes dichtete, deutlich. Dort heißt es: „Zum Dogma ist es den Christen gegeben, daß Brot sich in Fleisch wandelt, Wein in Blut: Sehen kannst du's nicht, noch fassen, starker Glaube wird's nicht lassen."
Das heißt jedoch nicht, daß deshalb die theologische Vernunft ausgeschaltet, ungebührlich beschnitten oder unterdrückt wird. Deren Aufgabe ist es vielmehr, weiter in dieses große Mysterium einzudringen, über die genauere Art der Verwandlung nachzudenken und die entstellenden Irrlehren zurückzuweisen. So verwundert es auch nicht, daß Thomas in den ersten Quaestionen sofort zahlreiche Irrlehren zurückweist. So etwa jene derer, die behaupten, „daß der Leib und das Blut in diesem Sakramente nur wie in einem Zeichen seien. Das ist als Irrlehre zu verwerfen, da es den Worten Christi widerspricht" (Sth IIIa q.75 a.1). Wenn Thomas in diesem Zusammenhang auch den frühmittelalterlichen Symbolismus im Auge hatte, so ist die große Aktualität seiner Worte für unsere Zeit auch hier nicht zu übersehen.
Was all diese irrigen Vorstellungen übersehen, ist die Tatsache, daß die vom Dogma gelehrte Verwandlung vollständig von natürlichen Veränderungen verschieden, daß sie „gänzlich übernatürlich und von Gottes Kraft allein bewirkt" (Sth IIIa q.75 a.4) ist. Die Veränderungen im Reich der Natur beziehen sich immer nur auf die Form, nie das ganze Ding, dessen letztes Sein ihm unter jeder Veränderung bleibt. Gott als *Actus purus,* als absolut unbegrenzte Wirklichkeit und Ursache aller Wirklichkeit, kann jedoch die gesamte Natur eines Seienden erfassen und komplett verwandeln. Eben dies ist bei der eu-

charistischen Wandlung der Fall: *In instanti,* im zeitlosen Augenblick, verwandelt er die ganze Substanz von Brot und Wein in Christi Leib und Blut: „Somit ist diese Verwandlung nicht eine der Form, sondern der Substanz. Auch fällt sie nicht unter die Arten der natürlichen Bewegung, sondern kann mit dem ihr eigentümlichen Begriff ‚Wesensverwandlung' [„Umsubstanzung"] benannt werden" (Sth IIIa q.75 a.4).
Die thomistische Lehre der realen (nicht nur theoretisch gedachten) Unterscheidung von *Substanz* und *Akzidens* besitzt hier eine zentrale Rolle. *Substanz* meint in der thomistischen Philosophie etwas, zu dessen Wesen es gehört, nicht in einem anderen zu sein. Es handelt sich also bei der Substanz um eine Wesensform, der das Sein aus sich *(per se)* zukommt, um das von sich her bestehende Seiende (ebd.). Die *Akzidentien* sind dagegen zur Substanz hinzukommende, von dieser abhängige Bestimmungen. Sie werden, wie Thomas in seinem Kommentar zur *Metaphysik* des Aristoteles (XII, 1) sagt, seiend genannt, „nicht, weil sie sind, sondern vielmehr, weil durch sie etwas ist".
Die Notwendigkeit des Aufrechterhaltens der *Realdistinktion* von Substanz und Akzidens wird besonders deutlich bei der Erklärung des Zeugnisses der Sinne, die auch nach der Konsekration alle Eigenschaften des Brotes und Weines wahrnehmen. Was die Sinne wahrnehmen sind lediglich die ohne einen stützenden Grund zurückgebliebenen Akzidenzien von Brot und Wein, die Substanz des Brotes jedoch ist in die Wesensform des Leibes, die des Weines in die des Blutes verwandelt. Während die Akzidenzien, Brot- und Weinsgestalt, von unseren Sinnen wahrgenommen werden, ist die Substanz das eigentümliche Objekt des Verstandes. Dieser aber wird durch den übernatürlichen Glauben vor einer Täuschung bewahrt: „Da soll der Glaube Raum haben, da etwas Sichtbares unsichtbarerweise, unter fremder Gestalt verhüllt genossen wird. Durch den Glauben werden die Sinne vor Täuschung bewahrt, die nur nach der äußeren, ihnen bekannten Erscheinung urteilen" (Fronleichnamsoffizium, 5. Lesung der Matutin).

Das Dogma der Wesensverwandlung ist aufs engste und notwendigerweise mit jenem der *Realpräsenz* verbunden. Auch hier betont Thomas mit größtem Nachdruck: „Die Seinsweise, in der Christus in diesem Sakramente ist, ist völlig übernatürlich" (Sth IIIa q.76 a.7). Nicht der natürliche Erkenntnisweg des Menschen, ja nicht einmal der Verstand der Engel aus seiner Naturkraft genügen, um das aus eigener Kraft zu finden, was uns die göttliche Offenbarung, greifbar im Dogma der Kirche, schenkt (Sth IIIa q.76 a.1): Unter jedem noch so kleinen Teil der Gestalten von Brot und Wein sind Christi Leib und Blut „ungeteilt und ganz" wirklich und dauerhaft gegenwärtig (Sth IIIa q.76 a.2–7). Denn der Leib Christi „bleibt in diesem Sakrament nicht nur bis zum folgenden Tag, sondern auch die künftige Zeit, solange die sakramentalen Gestalten bleiben" (Sth IIIa q.76 a.7 ad 3).
Während die Akzidenzien, Brot- und Weingestalt, mit dem körperlichen Auge gesehen werden können, bleibt dem Auge Leib und Blut Christi, wie generell die Substanz, unsichtbar. Erst in der Verklärung, wenn unsere Augen ganz vom übernatürlichen Licht durchflutet sein werden, werden wir den Leib Christi schauend erkennen. Das Licht des Glaubens, in dem wir uns ihm, verborgen unter den Schleiern der Brotgestalt, jetzt anbetend nahen, ist gleichsam ein helldunkler Vorgeschmack dieser wunderbaren Schau: „O Jesus, nur verhüllt Dich jetzt mein Auge sieht; wann stillst das Sehnen Du, das in der Brust mir glüht: daß ich enthüllt Dich anschau von Angesicht zu Angesicht und ewig selig sei in deiner Glorie Licht" (*Adoro te;* vgl. S. 53 f.).
Jean-Pierre Torrell hat hervorgehoben, daß diese eschatologische Spannung in der thomanischen Eucharistielehre große Originalität besitzt und kaum eine Entsprechung bei den anderen Theologen des 13. Jahrhunderts besitzt (Torrell, S. 154). Dies lenkt unseren Blick aber bereits auf die zwei folgenden Themen. Zum einen war es während der Feier der Eucharistie, daß Thomas verstummte. Viele Thomaskenner deuten dieses Verstummen als mystisches Verstummen. Die Mystik ist für Thomas jedoch eine Vorstufe der himmlischen Herrlichkeit, die in der beseligenden, „unverschleierten" Schau Gottes von Angesicht zu Angesicht besteht.

Reines Licht: Vollendung in der Schau Gottes

Wer sich daran macht, bei Thomas so etwas wie eine Mystische Theologie zu suchen, der fühlt sich nach wie vor unter einem gewissen Rechtfertigungszwang. Steht nicht Thomas neben Bonaventura, dem „Fürsten unter den Theologen der Mystik“, als der „Fürst“ der rationalwissenschaftlichen Theologie? Wo findet sich beim Aquinaten ein Traktat über die Mystik? Ist es nicht gerade Thomas als der bedeutendste Philosoph des Mittelalters, der dort das Licht wissenschaftlicher Exaktheit gebracht hat, wo andere in der die Konturen verschwimmen lassenden „dunklen Nacht“ der Mystik verharrten?

Wer Mystik ausschließlich als das einer kleinen Gruppe von Christen vorbehaltene Auftreten ungewöhnlicher Phänomene und außergewöhnlicher Erlebnisse (Visionen, Privatoffenbarungen, Stigmata usw.) sieht und sie so auf ihre Begleiterscheinungen reduziert, der ist bei Thomas freilich schlecht beraten. Wer Mystik aber in ihrer grundsätzlichen Wesensbestimmung als auf einer Linie mit dem durch die Gnade ermöglichten Vollkommenheitsstreben des Menschen im Rahmen seiner Rückkehr zu Gott betrachtet, der wird bei Thomas zahlreiche Elemente einer mystischen Theologie finden. Wie in der mittelalterlichen Theologie üblich, verbergen sie sich allerdings in verschiedenen Quaestionen und Traktaten, die nicht explizit der Mystik gewidmet sind: in der Lehre von der Einwohnung der Dreifaltigkeit in der Seele des begnadeten Menschen, der Gnaden- und Tugendlehre sowie dem Traktat über die Gaben des Heiligen Geistes. Bis diese Tatsache in der Aufklärung des 18. Jahrhunderts und der rationalistischen Verflachung der Theologie in Vergessenheit geriet, haben die großen Vertreter der mystischen Theologie, haben ein Johannes vom Kreuz, eine Theresia von Avila, eine Katharina von

ULRICH HORST, *Die Gaben des Heiligen Geistes nach Thomas v. Aquin*, 2001 (Kurztitel = **Horst**).

Siena, usw., darum stets gewußt: Ihre Mystik schwebt nicht frei in einem dogmenlosen Raum, sie ist rückgebunden an die Einsichten der scholastischen Theologie bzw. basiert ganz zentral auf den von Thomas gelegten Grundlagen.

Damit die Seele Segel bekommt

Nur aufrißhaft wurde im Rahmen der Behandlung der Rückkehr der vernünftigen Kreaturen zu Gott die zentrale Rolle, die die Tugenden in der Moraltheologie des Thomas besitzen, angedeutet. Auch von den Gaben des Heiligen Geistes war kurz die Rede. Die genaue Verhältnisbestimmung des Thomas zwischen den drei göttlichen und vier kardinalen Tugenden (insgesamt sieben) auf der einen und den sieben Gaben des Heiligen Geistes auf der anderen Seite stellt aber nicht nur einen wichtigen Schritt in der Theologiegeschichte dar, sie ist auch fundamental für eine Theologie des geistlichen Lebens. Dies wird gut deutlich, wenn wir von der göttlichen Tugend des Glaubens ausgehen. Sehr allgemein und in abstrakter Form definiert Thomas den Glauben – ausgehend von Augustinus – als einen „Akt der Zustimmung zur ersten Wahrheit [= Gott], befohlen vom Willen, der durch die Gnade bewegt wird“ (Sth IIa-IIae q.2 a.9). Dieser Erkenntnisakt ist aber von einer gewissen Paradoxie geprägt. Thomas sagt, er sei „vollkommen und unvollkommen zugleich“ (Ver 14,1 ad 5). In ihm mischen sich Licht und Dunkelheit. Obgleich er nämlich durch die Gnade eine übernatürliche Gewißheit verleiht, steht neben dieser doch auch stets die Unfähigkeit unseres Intellekts, die Fülle des Gnadenlichtes ganz aufzunehmen, das Objekt des Glaubens vollkommen zu erkennen. Auch im Glaubensakt erkennt der Mensch nur wie in einem Spiegel und „nach Rätselweise“ (1 Kor 13,12). Die erste Wahrheit, die an und für sich ganz einfach ist, erreicht er nur in der Vielfalt der dogmatischen Formeln, d. h. in abstrakten, bejahenden und verneinenden Sätzen. Mit Dionysius Areopagita sagt

Als **sieben Gaben des Heiligen Geistes** gelten im Anschluß an Jes 11,1 f.: Einsicht, Wissenschaft, Weisheit, Rat, Frömmigkeit, Tapferkeit und Gottesfurcht.

Thomas in einem Bild, daß das reine weiße Licht, das der lebendige Gott ist, für unser Auge nur unter dem „bunten Wechsel heiliger Schleier“ leuchtet. Dies erzeugt eine dem Glauben wesentlich anhaftende Unvollkommenheit, die den Gläubigen in steter Unruhe des Fragens und Suchens hält (Sth Ia q.1 a.9).
Und eben hier kommen die Gaben der Einsicht, der Wissenschaft und der Weisheit vor Augen. Sie schenken dem Menschen ein das Glaubenslicht übertreffendes stärkeres Licht und bewirken so, daß wir nicht nur mit dem Glauben den geoffenbarten Wahrheiten zustimmen, sondern in deren Tiefe hinabtauchen (Gabe der Einsicht) und sie in ihrer Herrlichkeit „verkosten“. Dies nicht durch ein nach und nach gewonnenes (sukzessives), sondern ein intuitives, spontanes Offenbarmachen *(manifestatio)* des Geglaubten (IIa-IIae q.4 a.8). So wird es dem Glaubenden möglich, das Zeitlich-Begrenzte und damit Unsichere des Glaubens hinter sich zu lassen und seine Konzentration ganz dem Göttlich-Ewigen zuzuwenden. Die farbige Dunkelheit weicht zunehmend dem von oben in die menschliche Seele fallenden reinen Licht!
Generell läßt sich daher sagen, daß die Gaben des Heiligen Geistes die Aufgabe haben, die die Tugenden prägende Unzulänglichkeit aufzuheben, den Menschen ganz für das Einwirken Gottes beweglich zu machen (Sth Ia-IIae q.68 a.1–2). Während sich bei der Tugend das Handeln noch in einer typisch menschlichen Art vollzieht, stammt die Initiative bei den Gaben spontan von außen, vom Heiligen Geist. Die großen Thomisten haben diese Einsicht des Thomas häufig mit einem weiteren Bild zu erklären versucht: Vergleicht man das menschliche Handeln mit der Fortbewegung eines Bootes, so entspricht der Fortbewegung durch Rudern das Handeln durch die Tugenden, die Fortbewegung mit Hilfe eines Segels aber dem Bewegtwerden durch die Gaben, die der Heilige Geist dem Menschen schenkt, damit dieser sein Wehen auffängt. Mit einer fast schwerelosen Leichtigkeit gleitet das Boot über die Wellen und dringt tief vor in ein Reich unendlicher Lichtfülle ... (Berger, S. 358).

Im Hinblick auf den Glauben spielt die Gabe der Weisheit eine besondere Rolle, denn sie führt den Gläubigen auf einen Weg, auf dem er das rechte Urteilen über die göttlichen Dinge „auf Grund einer Wesensverwandtschaft *(connaturalitas)* mit ihnen“ (IIa-IIae q.45 a.2) fällen kann. Sie ermöglicht ihm „alles nach göttlichen Regeln zu beurteilen und zu ordnen“ (Ia-IIae q.45 a.1). Denn durch sie ist ihm eine erfahrungsgemäße, sozusagen experimentelle Erkenntnis Gottes *(cognitio quasi-experimentalis)* geschenkt (Sent I, 14,2,2 ad 3). Dies zeigt sich zum einen darin, daß er nun mit einer geradezu instinktiven Sicherheit das echt Kirchliche vom Unkirchlichen, das Rechtgläubige vom Irrgläubigen unterscheiden kann (Sth IIa-IIae q.9). Besonders jedoch manifestiert es sich in der Kontemplation oder der Beschauung. Thomas spricht in seinem Traktat über die Auferstehung davon, daß die Apostel Christi Auferstehung auch vom Sehen her bezeugen konnten, weil sie ihn mit einer *fides oculata,* einem Glauben sahen, der mit der Liebe untrennbar verbunden ist und daher Augen hat (Sth IIIa q.55 a.2). Ähnlich ist die Beschauung eine Art *fides oculata,* ein durch die Gaben des Heiligen Geistes gleichsam erfahrungsgemäß gewordener, von großer Liebe durchformter, „sehender“ Glaube. Die gnadenhafte Ebenbildlichkeit des Menschen erfährt so in der Kontemplation ein ständiges Wachstum, das erst im Leben nach dem Tod seine letzte Erfüllung findet, abgeschlossen sein wird: „Darum wird uns durch die übernatürliche Beschauung eine Art Anbruch der Seligkeit geschenkt, welche hienieden beginnt, um in der Zukunft auf ihren Gipfel geführt zu werden“ (Sth IIa-IIae q.180 a.4). Dies zeigt sich besonders an den Seligpreisungen der Bergpredigt (Mt 5,3 ff.; Lk 6,20 ff.). Die dort den Seliggepriesenen verheißenen Belohnungen, besonders deutlich jene der Gottesschau für die Herzensreinen, beziehen sich sowohl auf das gegenwärtige wie auf das zukünftige Leben. Zwischen Zeitlichkeit und Ewigkeit wird so von Thomas „ein bruchloser Übergang“ (Horst, S. 179) hergestellt.

Die Schau Gottes von Angesicht zu Angesicht

Wenn sie auch ein Vorgeschmack der ewigen Seligkeit ist, die den Kontemplierenden mit „höchster übermenschlicher Wonne“ (Sth IIa-IIae q.180 a.7) erfüllt; die irdische Kontemplation bleibt doch noch verhältnismäßig unvollkommen. Erst im zukünftigen Leben erhält sie ihr letzte Erfüllung, die uns wirklich „wunschlos glücklich“ sein läßt: „Die Beschauung wird im zukünftigen Leben vollkommen sein, wenn wir Gott schauen werden von Angesicht zu Angesicht. Darum macht sie die Seligen vollkommen glückselig“ (Sth IIa-IIae q.180 a.4). Nicht mehr im eigentümlichen Helldunkel des Glaubens, nicht mehr durch die halb gelüfteten buntfarbigen Schleier der Beschauung begegnet die Seele ihrem Schöpfer und Heiligmacher, sondern in der Klarheit der beseligenden Schau *(visio beata)*. Ohne das Dazwischentreten einer geschaffenen Idee werden wir Gott schauen. Zu dieser Schau von Angesicht zu Angesicht vereinigt sich die göttliche Wesenheit selbst mit dem Intellekt des Menschen: „Gott wird vom erschaffenen Verstand durch das Wesen geschaut werden, nicht durch irgendeine Ähnlichkeit von ihm, bei deren Gegenwart im Verstand das verstandene Ding fern sein könnte – wie der Stein durch seine Ähnlichkeit im Auge gegenwärtig, aber der Substanz nach abwesend ist –, sondern das Wesen Gottes selbst verbindet sich irgendwie mit dem erschaffenen Verstand, so daß Gott durch das Wesen geschaut werden kann“ (Comp I,164). Die Beschauung wird uns gleichsam ganz in das reine weiße Licht der Gottheit, in das trinitarische Leben hineinziehen. In uns wird der Vater sein ewiges Wort zeugen, in uns werden Vater und Sohn die Liebe hauchen, die der Heilige Geist ist.

Wenn er auch bei Thomas hier in fast atemberaubender Weise in den Hintergrund tritt, der Unterschied zwischen Gott und Geschöpf bleibt auch in der himmlischen Schau erhalten. Selbst wenn der Mensch in seiner irdischen Beschauung schon sehr weit fortgeschritten ist, wird er für die Verbindung seines Verstandes mit dem Wesen Gottes noch eines von Gott ihm speziell für diese Schau eingegossenen Erkenntnislichtes bedürfen, des Glorienlichtes *(lumen gloriae)*. Dieses disponiert den erschaffenen Verstand zur intellektuellen Schau der göttlichen Substanz (ScG III, 539; Quodl. VII,1 ad 2). Aber auch dieses hebt die endliche Fassungskraft des Menschen nicht auf. Diese ist es wieder, die dafür sorgt, daß er in Gott zwar auch „die unendliche Seinsweise und unendliche Erkennbarkeit schauen darf; aber er besitzt diese unendliche Seinsweise nicht selbst und vermag also nicht in unendlicher Weise zu erkennen" (Ia q.12 a.7 ad 3). Während Gott die Glückseligkeit kraft seines Wesens besitzt, gewinnt sie der Mensch kraft der Teilhabe am göttlichen Licht (Comp I,106).

Thomas wäre nicht der Thomas, der uns begegnet ist, wenn er in dieser Schau nicht auch die letzte Vollendung des christlichen Denkens sehen würde. Das Mühen des Theologen kommt erst jetzt zum Abschluß: „Wer Wissenschaft sucht, dort ist die vollkommenste. Denn die Natur aller Dinge werden wir dort erkennen und besitzen, was wir wünschen, in und mit dem ewigen Leben" (In Apost. 170).

Vielleicht erklärt sich von hierher – neben den ganz gewöhnlichen weiteren Ursachen – auch die Tatsache, daß fast alle großen Werke des Thomas unvollendet geblieben sind: Das letzte Wort hat Gott. In der beseligenden Anschauung kehrt auch die Theologie zu ihrem Ausgangspunkt zurück. Der Kreis, als die vollkommenste geometrische Form, schließt sich. Notwendig entspringt der seligen Anschauung des höchsten Gutes grenzenloser Jubel einer über alles starken, nicht mehr verlier- oder minderbaren Gottesliebe, die all unsere Vorstellungen, Sehnsüchte und Erwartungen unendlich weit übertrifft und in der wir uns zuallererst darüber freuen, daß Gott Gott ist und wir seine ewigen Ratschlüsse, vollkommen eingetaucht in das klare reine Licht seiner Herrlichkeit, anbeten dürfen.

Zum Leben und Werk des Thomas

Nicht nur ein Klassiker, sondern durchaus auch heute noch fesselnd ist die Biographie von Tocco; in deutscher Sprache enthalten in:

Das Leben des heiligen Thomas von Aquino. Erzählt von Wilhelm von Tocco und andere Zeugnisse zu seinem Leben, hrsg. v. Willehad Paul Eckert, 1965 (Kurztitel = **Eckert / Tocco**).

Gilbert Keith Chesterton, *Thomas von Aquin,* 2. Aufl. 1952 u. ö. (Kurztitel = **Chesterton**).

JOSEF PIEPER, *Hinführung zu Thomas von Aquin,* 1958 (Kurztitel = **Pieper**).

Einen allerersten, sehr hilfreichen Einblick in Leben, Werk und Lehre sowie einen Überblick über den Forschungsstand gewährt:

OTTO H. PESCH, *Thomas von Aquin,* in: Theologische Realenzyklopädie, hrsg. von Gerhard Müller, Bd. XXXIII, 2001, S. 433–474.

Das biographische Standardwerk ist unbestritten

JEAN PIERRE TORRELL, *Magister Thomas. Leben und Werk des Thomas von Aquin,* 1995 (Kurztitel = **Torrell**).

Nach wie vor für Spezialstudien wichtig sind

MARIE-DOMINIQUE CHENU, *Das Werk des hl. Thomas von Aquin.* Vom Verfasser durchgesehene und verbesserte deutsche Ausgabe; Übersetzung, Verzeichnisse und Ergänzungen der Arbeitshinweise von Otto M. Pesch OP, 1960 (Kurztitel = **Chenu**).

Thomas von Aquin, Bd. I: Chronologie und Werkanalyse, hrsg. v. Klaus Bernath, 1978.

Thomas lesen

Für einen ersten Einstieg eignet sich besonders gut das von Josef Pieper zusammengestellte „Thomas-Brevier“:

THOMAS VON AQUIN: *Sentenzen über Gott und die Welt.* Lateinisch – Deutsch. Zusammengestellt, verdeutscht und eingeleitet von Josef Pieper, 3. Aufl. 2000; (enthält auch **Pieper**).

Ebenfalls sehr gut, aber nur noch antiquarisch erhältlich:

THOMAS VON AQUIN, *Lehre des Heils. Eine kleine Summe der Theologie.* Ausgewählt, übertragen und zusammengefügt von Eduard Stakemeier, 1939.

Fortgeschrittene Anfänger sollten sich durchaus schon einmal an eines der kleineren Werke des Thomas wagen. Die eher theologisch Interessierten an:

THOMAS VON AQUIN: *Katechismus des heiligen Kirchenlehrers Thomas von Aquin oder Erklärung des apostolischen Glaubensbekenntnisses, des Vater unser, Ave Maria und der zehn Gebote,* 1971 (Kurztitel = **In Apost.**).

THOMAS VON AQUIN: *Compendium Theologiae. Grundriß der Glaubenslehre.* Deutsch-lateinisch. Übersetzt von Hans Louis Fäh. Herausgegeben von Rudolf Tannhof, 1963 (Kurztitel = **Comp**).

Die eher philosophisch Interessierten an:

THOMAS VON AQUIN, *Über Seiendes und Wesenheit.* Übersetzt und kommentiert von Horst Seidl, 1988 (Kurztitel = **De ente**).

THOMAS VON AQUIN, *De principiis naturae. Die Prinzipien der Wirklichkeit.* Übersetzt und kommentiert von Richard Heinzmann, 1999.

Für die beiden Summen des Aquinaten sind als Übersetzungen zu empfehlen:

THOMAS VON AQUIN, *Summe gegen die Heiden.* Herausgegeben und übersetzt von Karl Albert und Paulus Engelhardt, 5 Bde, 1974–1996 (Kurztitel = **ScG**).

THOMAS VON AQUIN, *Summa theologica.* Die deutsche Thomas-Ausgabe. Übersetzt und kommentiert von Dominikanern und Benediktinern Deutschlands und Österreichs, 1933 ff. (von den geplanten 37 Bänden sind bislang 30 erschienen) (Kurztitel = **Sth**).

Einführungen in das Denken des Thomas

Eine primär an den philosophischen Aspekten des Denkens des Thomas orientierte Einführung geben:

HANS MEYER, *Thomas von Aquin. Sein System und seine geistesgeschichtliche Stellung,* 2. Aufl. 1961.

Thomas von Aquin, Bd. II: Philosophische Fragen, hrsg. v. Klaus Bernath, 1981.

RALP MCINERNY, *A first glance at St. Thomas. A handbook for peeping Thomists,* Notre Dame/Indiana 1990.

ETIENNE GILSON, *Le thomisme. Introduction a la philosophie de saint Thomas d'Aquin,* Paris 6.–7. Aufl. 1997.

LEO ELDERS, *Die Metaphysik des Thomas von Aquin in historischer Perspektive,* 2 Bde., 1985–1986.

BRIAN DAVIES, *The Thought of Thomas Aquinas,* Oxford 1992.

RICHARD HEINZMANN, *Thomas von Aquin. Eine Einführung in sein Denken.* Mit ausgewählten lateinisch-deutschen Texten, 1994.

ROLF SCHÖNBERGER, *Thomas von Aquin zur Einführung,* 1998.

EUDALDO FORMENT, *Id a Tomás. Principios fundamentales del pensiamento de santo Tomás,* Pamplona 1999.

ALBERT ZIMMERMANN, *Thomas lesen,* 2000.

Eine primär an den theologischen Aspekten des Denkens des Thomas orientierte Einführung geben:

MARTIN GRABMANN, *Thomas von Aquin. Eine Einführung in seine Persönlichkeit und Gedankenwelt,* 8. Aufl. 1949 (Kurztitel = **Grabmann**).

GION DARMS, *Thomas von Aquin. Ein Beitrag zu seinem Verständnis unter besonderer Berücksichtigung der neuen päpstlichen Erlasse,* 1961.

Thomas von Aquino. Interpretation und Rezeption, hrsg. v. Willehad Paul Eckert, 1974.

OTTO HERMANN PESCH, *Thomas von Aquin. Grenze und Größe mittelalterlicher Theologie,* 3. Aufl. 1995. (Kurztitel = **Pesch**)

THOMAS F. O'MEARA, *Thomas Aquinas Theologian,* Notre Dame/Indiana 1997.

LOUIS MILLET, *Thomas d'Aquin – saint et docteur,* Paris 1999.

DAVID BERGER, *Thomismus. Große Leitmotive der thomistischen Synthese,* 2001 (Kurztitel = Berger).

Bibliographien und Zeitschriften

Die jüngste eigenständige Bibliographie stammt von

RICHARD INGARDIA, *Thomas Aquinas. International bibliography 1977–1990,* Bowling-Green/Ohio 1993.

In vielen Sprachen gibt es eigenen thomistische Zeitschriften, die der Thomasforschung als Forum dienen:

Für den italienischen Sprachraum die älteste thomistische Zeitschrift der Welt: *Divus Thomas* (Piacenza/Bologna 1879 ff.) und teilweise auch *Angelicum* (Rom 1926 ff.); für den französischen Sprachraum: *Revue thomiste* (Toulouse/Paris 1893 ff.), den englischen: *The Thomist. A Theological and Philosophical Quarterly* (New York/Washington 1939) und seit neuestem auch eine in Deutschland edierte: *Doctor Angelicus. Internationales Thomistisches Jahrbuch* (Köln 2001 ff.).

Zeugen des Glaubens

David Berger
Thomas von Aquin begegnen
ISBN 3-929246-77-5

Hildegard Gosebrink
Hildegard von Bingen begegnen
ISBN 3-929246-76-7

Gerhard L. Müller
John Henry Newman begegnen
ISBN 3-929246-54-6

Karl Pörnbacher
Crescentia Höß begegnen
ISBN 3-929246-64-3

Joachim Reber
Romano Guardini begegnen
ISBN 3-929246-67-8

Marianne Schlosser
Bonaventura begegnen
ISBN 3-929246-63-5

Anton Schmid
Therese von Lisieux begegnen
ISBN 3-929246-36-8

Johanna Schmid
Papst Pius XII. begegnen
ISBN 3-929246-62-7

Michael Schulz
Karl Rahner begegnen
ISBN 3-929246-37-6

Gerd A. Treffer
Charles de Foucauld begegnen
ISBN 3-929246-51-1

Gerd A. Treffer
Johanna von Valois begegnen
ISBN 3-929246-50-3

Rudolf Voderholzer
Henri de Lubac begegnen
ISBN 3-929246-44-9

Sankt Ulrich Verlag